KB154288

야구
박사의
경제
코칭

1편
KBO리그의
사람들

야구박사의 경제 코칭

 **1편** KBO리그의 사람들

초판 1쇄 발행 2019년 6월 24일

지은이 조용준
펴낸곳 도서출판 가화만사성
펴낸이 조형준

함께 만든이
표지, 내지 디자인 남C風
인쇄 예원프린팅

출판등록 2019년 5월 14일. 제2019-000047
주소 서울 서대문구 독립문로 8길 54
전화 031)906-9191
전자우편 hjacts77@gmail.com

ISBN 979-11-967295-0-9

※ 잘못된 책은 구입한 곳에서 바꾸어 드립니다.
※ 책값은 뒤표지에 있습니다.

이 책은 저작권법에 따라 보호받는 저작물이므로 무단 전제와 무단 복제를 금지합니다.
이 책의 전부 또는 일부를 이용하려면 반드시 저작권자와 도서출판 가화만사성의 동의를 받아야 합니다.

야구 박사의 경제 코칭

KBO리그의 사람들

조용준 지음

목 차

프로야구에 푹 빠져 있던 초등학교 3학년 여름 방학이었다. 방학이면 늘 동네친구들을 불러 모아 야구나 다방구를 했다. 친구들이 잘 안 모여지면 하루 종일 혼자 놀면서 돌아다니거나 돌아다니면서 놀았다. 서산에 해가 뉘엿하면 그제야 집으로 돌아왔다. 땀범벅이 되어 버린 몸을 씻고 나면 피곤이 몰려왔고 그대로 잠들기 일쑤였다. 다음 날 아침에 일어나면 길들여지지 않은 야생마처럼 또다시 동네를 휘저으며 어제와 같은 생활을 했다. 이런 생활이 반복되니 탐구생활, 일기 등 방학숙제는 쌓여만 갔다.

지금도 그렇지만 어린 시절에도 글쓰기에 대한 두려움은 항상 나를 짓눌렀다. 매일 일기를 쓰는 것도 힘들었지만 개학이 임박하여 방학일기를 하루에 몰아서 쓰는 것은 정말 고역이었다. 일기장에는 왜 항상 날씨 기입 칸이 있는 건지…

일기쓰기의 무게에 짓눌려 있던 어느 날, 갑자기 일기를 한번에 몰아서 쓸 수 있는 묘안이 떠올랐다. 일기장에 프로야구 팀의 타순을 적는 것이었다. 순간 내가 천재가 아닐까 하는 생각이 들었다. 기쁜 마음으로 일기를 써 내려가기 시작했다. 하지만 기쁨도 잠시, 프로야구 팀이 6개밖에 없으니 6일치 일기밖에 못쓴다는 슬픔의 그림자가 드리웠다.

하늘이 무너져도 솟아날 구멍이 있다고 하지 않았던가? 별안간 좋은 생각이 떠올랐다. 고교야구팀도 내 일기장으로 끌어들이는 것이었다. 프로야구팀보다 훨씬 더 많은 고교야구팀을 동원하면 여름방학 일기 걱정은 안 해도되었다. 생각을 확장할 수 있는 나를 스스로 칭찬하면서 매우 뿌듯해했다.

날짜	7월 27일	날씨	오름
제목		OB 베어스의 타순	

오늘은 OB 베어스의 타순을 적어 본다.
1번 타자 : 양세종(3루수, 16), 2번 타자 : 김광수(2루수, 4), 3번 타자 : 윤동균(우익수, 10)
4번 타자 : 김우열(지명타자, 3), 5번 타자 : 신경식(1루수, 19), 6번 타자 : 김유동(좌익수, 8)
7번 타자 : 이홍범(중견수, 14), 8번 타자 : 김경문(포수, 22), 9번 타자 : 유지훤(유격수, 6)
오늘의 일기 끝.

일기는 이런 식이었다. 개학이 코앞으로 다가온 어느 날, 엄마가 일기장을 불시에 검사했다. 엄마의 눈이 갑자기 휘둥그레졌다. 엄마의 매타작이 바로 이어졌고 일기장은 쓰레기통으로 들어갔다. 엄마는 특제 체벌 도구인 미제 빗자루를 휘두르며 "야구로 밥 벌어먹고 살 거야?"라고 분노해 하셨다.

필자는 맞아 가며 울어 가며 "아니요"라고 답했지만 지금은 야구로 밥 벌어먹고 살려고 책을 쓰고 있다.

이 책은 '프로야구와 관련된 모든 현상을 경제학으로 풀어낼 수 있지 않을까?'하는 건방진 상상력으로부터 시작되었다. 건방진 상상력은 의욕과 욕심을 불러들였다.

우선 7년 동안 KBO 야구발전 위원을 지내면서 연구했던 결과물들을 수집하기 시작했다. 어떤 것들을 썼는지 확인하고 다시 한 번 프로야구 전반을 들여다보면서 주제로 삼을 만한 것들을 정리했더니 17개의 주제가 정해졌다. 이를 다시 분류했더니 사람들, 인프라, 비즈니스 등 3가지 영역으로 묶을 수 있었다.

그 다음으로 제목을 생각해 봤다. 'KBO리그의 경제학'이 좋을 것 같았다. '1편-KBO리그의 사람들', '2편-KBO리그의 인프라', '3편-KBO리그의 비즈니스'까지 생각을 하고 나니 책이 완성된 것 같았다. 이 제목을 주변인들에게 말했더니 비난의 성토가 빗발쳤다. KBO가 뭔지 모르는 사람들이 수두룩한데 그런 제목이 웬 말이냐는 비판부터 제목이 너무 딱딱해서 사람들이 외면할 것이라는 힐난이 이어졌다. 독자들에게 친숙하게 다가갈 수 있는 매력적인 제목이 필요했다.

후배들과의 술자리에서 고민을 털어놓았더니 장난 같은 제목들이 쏟아져 나오기 시작했다. 그야말로 '브레인 술토밍'이었다. 결론은 《야구박사의 경제 코칭》으로 귀결되었다.

이번에 출간되는 1편의 주제는 프로야구와 관련된 사람들이다. 팬, 감독, 심판, 중계진, 선수에 대한 내용을 다루었다.

1장 '팬'편에서는 어린이 팬들에 대한 프로야구 선수들의 사인 거부 논란을 짚어 가며 프로스포츠에서 팬의 존재가 얼마나 소중한 것인지에 대해서 다뤘다. 팬의 의미를 경제학의 시각에서 찾고 프로스포츠의 진정한 주인이 누구인지에 대한 의미를 되돌아봤다.

2장 '감독'편에서는 프로야구 감독이 짊어지고 가는 무거운 짐에 대해서 다루었다. 풍부한 야구지식을 갖추고 있는 열성 팬들과 야구 감독의 갈등 원인을 경제학의 관점에서 찾고 올드 팬들과 현재 팬들의 야구 소통 방식에 대해서 다루었다.

3장 '심판'편에서는 잘해야 본전이어서 외롭고 힘든 직업인 프로야구 심판의 세계를 파헤쳤다. 심판의 최고 덕목인 공정성을 유지하기 위해서는 어떤 경제학적 해결책을 제시해야 하는지를 기술했다.

4장 '중계진'편에서는 프로야구의 안방 배달부인 야구 중계진에 대해서 톺아보았다. 중계진의 현황, 역할, 처우 등을 알아보고 시즌 전 해설자들의 순위 예측은 왜 자꾸 빗나가는지에 대한 내용을 경제학적 관점에서 분석했다.

5장 '선수'편에서는 2005~2017년까지 프로야구 신인드래프트에서 지명된 1,141명을 추적하고 프로야구단에 입단한 1,078명의 기록을 전수 조사하여 프로야구 선수가 되는 것이 얼마나 어려운가를 확률적으로 계산했다. 이와 더불어 서울대 입학, 사법시험 통과, 판·검사 임용의 확률을 계산해서 프로야구 선수가 되는 확률과 비교 분석했다.

6장 '연봉'편에서는 일반 노동자와 프로야구 선수들의 연봉결정 과정이 다른 것에 대해서 고전파 경제학의 시각과 현대 경제학의 시각으로 바라보았다.

7장 'FA'편에서는 매년 스토브리그의 뜨거운 감자로 회자되는 FA선수의 고액연봉에 대해 다루었다. 왜 FA 선수들은 많은 연봉을 받는지에 대해서 슈퍼스타 경제학의 이론을 차용해서 설명했다.

각 장의 내용들은 모두 경제학 이론에 바탕을 두어 접근했지만 가급적 수식, 그래프 등을 사용하지 않고 일반 독자들이 쉽게 이해할 수 있도록 글로 풀어서 썼다. 그동안 프로야구의 인기가 상승하면서 야구 관련 서적이 많이 출간되었지만 프로야구와 관련된 세부 주제를 경제학의 시각으로 접근하여 풀어낸 책은 없었다. 그런 측면에서 이 책은 분명히 의미가 있다고 자부한다.

집필과정에서는 자신감이 넘쳐났지만 원고가 어느 정도 마무리 된 후 부터는 모든 것이 망설여졌다. 주변 지인들에게 원고를 보여 주며 자문을 구했다. 솔직한 평가를 원한다는 부드러운 말도 덧붙였다.

반응은 정말 각양각색이었다. 어떤 이는 글이 간결체로 쓰여서 쉽게 읽히니 좋다고 했으나, 다른 이는 간결체라서 건조하다고 말했다. 특히 FA 관련 부분에서는 경제학 설명이 너무 어려워서 안 읽힌다는 이도 있는 반면, 경제학 관련 서적인데 그 정도의 깊이도 없으면 안 된다는 이도 있었다.

모든 글에는 문문(文紋)이 있다. 모든 사람의 지문(指紋)이 다르듯이 문문(文紋)도 다르다. 글에는 저자의 고유 문체, 자주 쓰는 용어의 수준, 생각 등이 드러난다. 그래서 글이란 일기처럼 내가 쓰고 내가 보면 괜찮지만, 내가 쓴 글을 다른 이에게 내놓는 것은 부끄러움이 가득한 일이다. 큰 용기가 필요한 일이기도 하다. 횟집 수족관에서 손님을 기다리다가 도마 위에 오른 횟감의 심정이 이러할까?

단순한 것을 복잡하게 말하는 데는 지식이 필요하고, 복잡한 것을 단순하게 말하는 데는 내공이 필요하다는 이른바 '지식의 저주'가 떠올랐다. 이 책이 지식과 내공 사이의 어느 지점 즈음에 자리하면 좋겠다.

직장생활을 하면서 동시에 집필 작업을 하는 것은 쉽지 않은 일이었다. 일주일에 이틀은 집에 들어가지 않고 글쓰기에 전념했다. 직장 동료들은 합법적 외박이라 행복하지 않느냐는 농을 던지며 위로했지만 사실 뭐든지 자주 하면 재미없는 법이다.

오래전에 박사논문을 마무리하던 시절 이후 간만에 행복한 가혹함을 느꼈다. 고통스럽지만 희망이 있는 그런 가혹함이었다. 이 책이 잘 팔리면 빚을 청산할 수도 있다는 희망은 나약해진 집념을 다잡을 수 있는 채찍이 되어주었다.

글의 생산자는 저자이지만 소비자는 독자이다. 소비자로서의 독자들이 내려주시는 냉철한 평가는 저자의 붓을 꺾든지 붓에 날개를 달든지 둘 중 하나의 결과를 가져온다. 처음 출간한 책이 기적처럼 잘되기를 희망하지만 '기적은 기적적으로 이루어지지 않는다'는 김대중 前 대통령의 말씀을 떠올리며 마음을 비운다.

그리고 이 세상의 소중한 인연께 이 책을 바친다.

KBO 총재고문 **허구연**

올해로 한국 프로야구가 출범한 지 38년이 됩니다. 그동안 많은 야구팬들의 성원에 힘입어 한국 프로야구는 국내 최고의 프로스포츠로 자리할 수 있었습니다. 그리고 한국 프로야구의 오랜 역사만큼 관련 콘텐츠도 많이 나왔습니다. 프로야구 관련 서적도 그중 하나입니다.

《야구박사의 경제 코칭》은 한국 프로야구와 관련된 모든 것을 경제학의 관점으로 풀어낸 책으로, 이번에 출간된 1편은 'KBO리그의 사람들'에 관한 내용입니다. 선수뿐 아니라 감독, 심판, 중계진, 팬 등 한국 프로야구와 관련된 사람들에 대한 이야기가 담겨 있어 더욱 재미있습니다. 그동안 프로야구와 관련된 많은 책들이 나왔지만 이렇게 흥미로운 주제를 과학적 방식으로 접근하여 서술한 책은 많지 않았습니다.

특히 선수와 관련된 부분에서 프로야구 선수가 되는 것과 서울대 가는 것의 확률을 따져 보면서 어떤 것이 더 어려운지 살펴보는 내용은 굉장히 인상적이었습니다. 그 외에도 대중이 관심을 갖고 집중할 수 있는 주제인 프로야구 선수들의 연봉 결정 과정과 FA선수들의 몸값 논란에 대한 내용을 경제학으로 풀어낸 것은 흥미롭습니다.

조용준 박사는 과거 KBO 야구발전위원회 위원으로 함께 활약하며 야구와 관련된 연구 내용도 여러 편 발표하였고 여러 모로 한국 프로야구 발전에 일조했습니다. 따라서 그가 쓴 이 책은 야구계와 팬들에게 유익한 책이 될 것입니다. 이어서 나올 2편도 기대합니다.

SPOTV 해설위원 **민훈기**

최근 프로야구의 뉴미디어 중계권이 5년 1,100억 원이라는 액수로 체결되며 놀라운 기록을 남겼습니다. 이것이 과연 프로야구의 비즈니스 모드 구축의 출발점이 될 것인지 관심을 집중시키는 가운데, KBO리그의 각 구단과 리그 전체가 자립을 이룰 수 있는 시스템의 정착이 프로야구의 미래와 존폐를 가를 관건이 되고 있습니다.

이런 상황에서 KBO리그의 경제 구도를 전체적으로 조명할 수 있는 책인 《야구 박사의 경제 코칭》이 나온 것은 대단히 반갑고 고마운 일입니다.

프로야구 선수가 되는 과정의 어려움과 확률부터 연봉 제도의 현황과 구조, 여전히 개선이 필요한 FA 제도의 심층 분석과 미국, 일본 FA 제도와의 비교 등을 자세히 담고 있습니다. 또한 KBO리그를 구성하는 선수뿐 아니라 감독, 심판, 중계진 등도 상세하게 다루고 있습니다. 그리고 프로스포츠인 프로야구의 가장 중요한 존재인 팬과 프로야구 구단, 선수와의 관계 등에 대해서도 구체적으로 설명해 줍니다.

평소에 보여 준 조용준 박사의 스포츠, 특히 야구에 대한 열정과 지식과 관심이 그의 전공인 경제학과 어우러져 아주 소중하고 필요한 책이 완성되었다고 봅니다. 프로야구뿐 아니라 다양한 스포츠 관련 종사자와 학생, 팬들이 이 책을 통해 즐거움과 지식을 함께 충족시킬 수 있으리라 기대합니다.

1장

팬(Fan),
프로스포츠 존재의 이유

Ⅰ. 첫 한국시리즈 나들이

1. 어린이 야구팬 시절의 기억 소환

기억의 편린(片鱗)은 왜곡되기 마련이다. 야구 스타와의 만남 같은 강렬한 기억조차 부분적 변형은 수반된다. 정확하지 않을 수도 있는 기억을 더듬어서 이야기를 풀어내려고 하는 것은 프로야구에서 팬들의 존재가 얼마나 위대한 것인지를 알리고 싶기 때문이다.

1984년 가을이었다. 날씨 좋은 토요일, 당시 중학생이던 사촌형, 그리고 형의 친구들과 함께 롯데 자이언츠와 삼성 라이온즈의 한국시리즈 5차전[1]을 관람하러 잠실야구장으로 갔다. 꽤 이른 시간에 도착한 잠실야구장의 3루 관중석에서는 강렬한 햇빛이 우리를 맞이하고 있었다.

설레는 시선으로 야구장을 쭉 둘러보던 중, 좌선심 위치 근처에서 펜스에 기대어 있는 김영덕 감독(삼성 라이온즈)을 발견했다. 나는 유명 야구 감독을 아주 가까운 데서 볼 수 있다는 마음에 그에게 달려갔다. 그런데 갑자기 불안한 마음이 엄습했다. 이내 가던 길을 멈추고 다시 나의 자리로 돌아왔다. 아까 샀던 소중한 '홈런볼' 과자를 다른 형들이 먹을 수도 있다는 불안감 때문이었다.

한 손에 홈런볼 과자를 들고서 마치 진짜 홈런볼을 주우러 달려가는 소년 야구팬의 열정으로 다시 김영덕 감독이 있는 곳으로 달려갔다. 펜스 하나를 사이에 두고 김영덕 감독님과 대화를 나눴다.

---

[1] 최근까지도 몇 차전이었는지 몰랐는데 일정을 살펴보니 토요일 경기는 10월 6일 5차전뿐이었다. 그 사실은 김영덕 감독의 사인 뒷면에서 확인할 수 있었다.

2. 김영덕 감독과 만남, 득과 실

"감독님, 오늘 경기 이길 수 있어요?" 내가 물었다.

김영덕 감독님은 씩 웃으면서 이렇게 말했다.

"너는 이번에 시험 보면 반에서 1등 할 수 있니?"

그 질문을 받고 살짝 당황했다. 나는 공부를 잘하는 아이가 아니었기 때문이다. '최선의 답이 무엇일까?' 순간 고민하다가 대답했다.

"해 봐야 알 것 같아요."

그러자 김영덕 감독님도 "나도 해 봐야 알 것 같아"라고 답했다. 이번엔 감독님의 질문이 이어졌다.

"너, 손에 쥐고 있는 거 뭐니?"

"홈런볼이요."

"맛있니?"

"네, 제가 좋아하는 과자예요."

"하나만 줘 봐. 어디 맛 좀 보자."

나는 과자 1개가 아닌 2개를 집은 김영덕 감독의 손을 원망스럽게 바라보았다.

"감독님! 사인 좀 해 주세요."

"종이가 있어야 해주지."

"네, 가져올게요."

종이를 구하러 가려는 나를 감독님이 불러 세웠다. 내 손에 있던 홈런볼 과자를 놓고 가라고 했다. 약간의 의심이 있었지만, 말을 안 들으면 사인을 못 받을 것 같아서 결국 그 과자를 맡기고 바로 사촌형한테 달려가서 종이와 볼펜이 있느냐고 물었고 형은 수첩 한 장을 찢어 주었다.

수첩 한 장과 볼펜을 가지고 돌아왔더니 내 홈런볼 과자의 반 이상이 없어져 있었다. 어린 마음에 무척 화가 났지만, 김영덕 감독님의 사인과 바꾼 홈런볼 과자가 그렇게 아깝지 않았다.

홈런볼 과자 덕분인지 그날 김영덕 감독님이 이끄는 삼성 라이온즈는 3대 2로 롯데 자이언츠에 신승(辛勝)을 거두었다.

〈그림 1〉 1984년 김영덕 감독에게 받은 사인, 뒷면의 기록

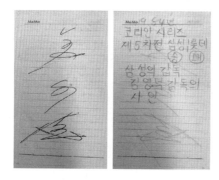

II. 팬 외면 논란

1. 충격적 뉴스

약 35년 전의 아주 희미한 기억을 어렵게 소환한 것은 김영덕 감독과 짧

은 만남이 당시 어린이 야구팬을 자연스럽게 성인 야구팬으로 성장시켰다는 사례로 들기 위해서이다.

어린이 팬들은 자세한 야구 규칙 및 그라운드 이면의 프로야구 메커니즘 등은 잘 모른다. 단체로 모자를 쓰고 유니폼을 입은 선수들이 치고 달리는 운동인 야구가 그냥 좋아서 야구팬이 된다. 그런 어린이들이 프로야구 선수에게 직접 사인을 받는다면 그것은 평생 잊지 못할 강렬한 기억으로 뇌리에 남게 된다.

프로야구 경기가 끝나면 홈팀 선수들은 실내 연습장에 남아서 개인 훈련도 하고 라커룸에서 샤워도 하는 등의 일정을 마치고 개인 승용차로 이동하기 때문에 홈팀 선수들은 경기가 끝나고도 경기장 밖으로 늦게 나온다. 반면, 방문팀 선수들은 지정된 숙소로 바로 이동해야 하므로 경기가 끝나고 나서 바로 버스에 탑승한다.

2018년 4월 30일 KBS 스포츠 뉴스에서는 프로야구 선수들이 팬들을 대하는 충격적인 장면이 방영되었다. 비가 추적추적 오는 궂은 날씨에도 불구하고 잠실야구장 중앙 문 근처에는 많은 팬들이 모여들었다. 경기가 끝난 후 방문팀인 기아 타이거즈 선수들이 나오기를 기다리고 있는 팬들이었다.

경기를 마치고 잠실야구장에서 나오는 기아 타이거즈 선수들에게 어린 팬들이 다가갔다. 어린 팬들이 야구공을 내밀면서 사인을 해 달라고 부탁하는데도 선수들이 외면하는 모습이 카메라에 포착되었다. 가까운 거리에서 내미는 사인 요청에도 어린이의 손을 치고 지나가는 선수의 모습도 카메라에 잡혔다. 특히, 어린이 팬을 대놓고 외면한 N 선수는 야구 관련 각종

사이트에서 누리꾼들의 집중포화를 받았다.

뉴스가 방영된 이후 SNS에서는 야구팬들의 성토가 이어졌다. 이에 프로야구선수협 김선웅 사무총장은 선수들의 잘못을 인정하면서 "메이저리그처럼 연습이 끝나고 5~10분 사인을 해 줄 수 있는 시간이나 공간을 확보하면 좋겠다고 생각한다"라는 의견을 밝혔다.

그날 뉴스는 기아 타이거즈 선수들이 어린이 팬들을 대하는 모습을 카메라에 담은 것이었지만, 이 사건으로 인해 류현진(LA 다저스), 이대호(롯데 자이언츠), 이승엽(은퇴) 등 국내 최고의 야구 실력을 겸비한 선수들의 팬 서비스 행태도 다시 회자되었다.[2]

류현진은 2013년 메이저리그 데뷔 시즌에 스프링 캠프에서 "류"(RYU), "류현진 선수"라고 외치는 팬들의 사인 요청을 피해 전력으로 질주하여 달아나는 장면이 담긴 영상이 공개되어 곤욕을 치렀다. 이 영상이 더욱 논란이 된 이유는 LA 다저스의 슈퍼스타인 클레이튼 커쇼(Clayton Kershaw)가 팬들에게 친절하게 사인해 주는 모습도 함께 포착되었기 때문이다.

'조선의 4번 타자' 이대호도 사인을 요청하는 어린이 팬을 귀찮다는 표정으로 손을 휘저어 쫓아버리는 장면이 공개된 적이 있다. 출중한 야구 실력으로 KBO리그에서 가장 많은 연봉을 받는 선수이지만 팬 서비스에서는 낙제점을 받았다.

팬 서비스 논란의 고갱이는 한국프로야구의 전설인 이승엽 선수이다. 그는 야구만 잘하는 것이 아니라 경제 이론에도 해박한 지식을 보여 주었다. 사인을 많이 해 주면 사인의 희소성이 없어지기 때문에 본인은 사인을 잘

---

2 어린 팬 '외면' 야구선수 논란… 류현진·이대호도 떠올랐다. 오마이뉴스. 2018. 5. 2.

하지 않는다고 말하여 여론의 질타를 받았다.

2. 서비스의 황태자들

프로야구 선수들 중에는 팬들의 사랑에 대해 적극적으로 화답하는 선수들도 있다. 프로선수는 당연히 그래야 한다.

IMF 외환위기 시절, 많은 국민들이 고통받을 때 메이저리그에 진출하여 많은 승리를 따내며 국민들에게 희망을 뿌렸던 '코리아 특급' 박찬호가 대표적이다. 그는 출중한 실력과 성실하고 꾸준한 이미지로 많은 국민들에게 사랑을 받았다. 그는 미국, 일본, 한국에서 모두 프로야구 선수 생활을 지냈다.

메이저리그 은퇴 후에는 1년(2011년) 동안 일본 프로야구에 진출하였으며 그 이듬해인 2012년에는 KBO리그의 한화 이글스에서 선수 생활의 마지막 해를 보냈다. 야구 인생의 마지막은 고국에서 팬들과 함께하고 싶다는 그의 강력한 의지가 반영된 것이었다. 그의 선택은 일종의 팬 서비스 차원이었다.

박찬호는 팬들의 사인 요청이 있을 때마다 거절하지 않음은 물론이고 처음 만나는 팬들에게도 사인을 해 주면서 많은 이야기를 나누는 팬 서비스로 유명하다. 그래서 그는 한때 MLB를 호령했던 세계 최고의 야구 실력뿐 아니라 팬들에게 감사할 줄 알고 팬들에게 받은 사랑을 돌려줄 줄 아는, 진정한 프로선수로 인정받고 있다.

'오식빵'이라는 별명으로 유명한 두산 베어스의 오재원 선수는 그라운드 내에서의 거친 이미지와는 달리 팬 서비스에 있어서는 섬세함으로 무장했다. 심지어 어떤 팬이 오재원 선수에게 사인을 요구하며 롯데 팬이라고 했더니 "p.s. 롯데 파이팅!"이라고 써주었다는 일화도 있다. 또한, 2018년 3월에는 모범납세자로 선정되는 등 프로야구 스타가 지녀야 할 덕목을 갖추었다는 평을 듣고 있다.

삼성 라이온즈의 김상수 선수도 팬 서비스 좋기로 유명하다. 김상수 선수는 자기를 기다리는 팬들은 물론, 뒤에서 팬들이 부르면 가던 길을 되돌아와서 팬들에게 사인을 해 주는 진정한 프로스포츠 선수이다. 이런 모습 때문에 '연쇄 사인만'이라는 별명도 얻었다. 어감이 썩 좋지는 않지만, 프로선수로서 팬들에게 다가가는 그의 모습을 잘 반영한 별명인 것 같다.

III. 팬과 시장

1. 수요 없는 시장

수요(demand)란 '구매력을 갖춘 상태에서의 재화나 서비스에 대한 욕구'를 의미한다. 구매력이 없는 상태에서 욕구만 있는 경우를 잠재수요, 구매력이 있는 상태에서 욕구가 있는 경우를 유효수요라고 한다. 수요는 경제학의 출발점이다. 수요가 있고 공급이 있으면 시장이 형성되고 시장에서의 가격은 수요와 공급에 의해 결정된다.

권투 경기장인 사각의 링이 있다. 한 선수가 올라와서 몸을 푼다. 계속 몸을 푸는데 상대 선수가 안 보인다. 경기를 보기 위해 모여든 관객들이 술

렁이는데 시간이 흘러도 상대방 선수는 보이지 않는다. 관객들은 하나둘 씩 자리를 뜨기 시작한다. 이후에도 상대방 선수는 나타나지 않는다. 혼자 몸을 풀던 선수도 이젠 지쳐서 링 밖으로 내려온다. 결과적으로 사각의 링 위에서 이루어진 것은 한 선수가 몸을 푼 것밖에는 없다.

관객들이 그 모습을 보기 위하여 경기장을 찾은 것은 아닐 것이다. 장내 에는 다시는 권투 경기를 보지 않겠다는 관객들의 푸념만 남게 된다. 수요 나 공급 중 한쪽이 없을 때 발생하는 현상을 권투 경기에 비유한 것이다.

2. 소비자의 선택

똑같은 브랜드의 치킨집 A, B가 있다. 상품의 가격과 질은 같다. 완전 경 쟁 시장이다. 이럴 경우 소비자들은 친절하거나 손님을 위하는 진심이 느 껴지는, 서비스 좋은 치킨집을 선택한다. 경쟁 업체보다 우위를 점하려면 수요층에 대한 투철한 서비스 정신이 필요하다. 그래야 살아남는다.

소비자가 재화를 구매할 때는 법칙이 있다. "이거 얼마예요?", "나 얼마 있지?", (가격이 맞지 않을 경우) "다른 것은 없어요?"이다. 즉, 가격, 소득, 대체재 여부이다. 소비자는 처음 제시된 재화의 가격에 만족하면 바로 구매 하지만, 그렇지 않으면 소득, 대체재 여부 등도 고려한 후 재화를 구매한다.

1,000원짜리 아이스크림의 가격이 1,500원으로 오르면 소비자들은 1,500원을 지불하면서도 아이스크림을 살지 말지를 고민한다. 지불용의 와 예산의 여유가 있어서 오른 가격을 지불하고도 아이스크림을 사 먹는 사람이 있지만 그 반대인 경우에는 시장에서 제외된다. 가격이 오르면 아

이스크림 시장에서 이탈하는 사람들은 이렇게 발생한다.

가격이 변화함에 따라 수요량이 변화하는 것이다. 이런 것을 '수요의 가격 탄력성'이라고 한다. 수요의 가격 탄력성은 가격 변화에 따라서 사람들이 시장에서 튕겨 나가는(이탈하는) 정도를 나타낸다. 이 탄력성 개념은 경영학의 마케팅에서 매우 중요한 도구로 활용되고 있다.

삶을 영위하는 데 필요한 재화를 '필수재'(necessary goods)라고 한다. 필수재는 살면서 반드시 구매해야 하는 재화이므로 가격이 올라도 수요층이 시장에서 이탈하는 정도가 낮다. 필수재의 반대 개념은 '사치재'(luxury goods)이다. 사치재는 말 그대로 있어도 그만 없어도 그만이어서 꼭 필요한 재화가 아니므로 가격이 조금만 올라도 시장에서 이탈하는 소비자가 많이 생긴다.

"프로야구는 필수재인가?"라는 질문을 경제학적으로 바꿔서 해 보면 "프로야구의 수요는 탄력적인가?"이다.

이 질문에 답하기 위해서는 프로야구의 대체재 여부가 중요하다. 대체재는 범위 규정의 문제이다. 밥의 대체재는 빵, 라면 등이 될 수 있지만, 좀 더 큰 범위를 적용하여 음식의 대체재를 찾는다면 그런 건 없다. 프로야구의 대체재는 개인의 취향에 따라 영화, 술자리, 개인 운동 등 무수히 많다. 프로야구 선수들이 야구 팬들을 실망시켰을 경우, 팬들이 선택할 수 있는 가장 무서운 대체재는 외면이다. 그렇기 때문에 프로야구 선수들은 팬들에게 절대 충성해야 한다.

3. 팬에 대한 절대 충성

선수들이 그토록 좋아하는 야구를 계속할 수 있는 이유, 일반인들은 상상할 수 없을 정도의 고액 연봉을 받을 수 있는 이유는 팬들이 존재하기 때문이다. 그러므로 선수들이 팬들을 실망시킨다면 프로야구 시장은 수요 없는 시장이 될 수 있음을 명심해야 한다.

팬이 없는 스포츠는 자기들끼리 좋아서 즐기는 스포츠 동호회 그 이상도 이하도 아니다. 프로스포츠는 팬이 곧 존재의 이유이다. 선수들이 팬들에게 양질의 서비스를 제공하기 위해서는 선수들의 인식 전환이 매우 중요하다.

각 구단은 비시즌 기간에 선수단 교육 시간을 갖는다. 이 때 팬에 대한 선수들의 인식 개선교육을 병행하는 것도 좋은 방법이다. 물론 현재도 KBO에서는 신인 선수들 교육리그에서 팬의 중요성에 대한 인식 교육을 실시하고 있는 것으로 알고 있다. 하지만 베테랑 선수가 되어서도 팬들을 향한 초심을 잃지 않도록 지속적인 교육을 실시하는 것이 중요하다.

선수들은 프로야구에서 팬들이 가장 중요하고 소중한 존재라는 것을 각인해야 한다. 또한 팬들이 존재하지 않으면 선수들의 고액 연봉 역시 존재하지 않는다는 사실도 인지해야 한다. 다양한 연령층의 팬들 중에서도 어린이 팬에 대한 투자가 미래의 한국프로야구가 존재할 수 있는 가장 든든한 자산임을 주지해야 한다. 이는 선수들뿐 아니라 KBO리그 관계자들 역시 명심해야할 부분이다.

2장

책임지는 자리,
프로야구 감독

Ⅰ. 프로야구 감독

흔히 프로야구 감독에 대한 이야기를 할 때 따라붙는 수식어가 '대한민국에서 10명밖에 없는 자리'이다. 대한민국에 10명밖에 없는 자리인 것은 맞지만, 남자 프로농구 감독도 10명밖에 없는 자리이다. 그러니 이런 수식어로 프로야구 감독의 희소성과 그들이 겪는 복잡다단함을 모두 설명할 수는 없을 것 같다.

1. 감독 선임 과정과 프런트

우선 프로야구 감독의 선임 과정에 대해 알아보면 감독 선임 과정에서 핵심 역할은 프런트가 한다. 프런트란, 야구단의 사무국을 지칭하는데 주로 사장, 단장 등의 고위층을 일컫는다. 프런트는 각 구단이 지향해야 할 색깔 및 방향을 결정하고 그에 어울리는 감독을 선임하는 중추적 역할을 한다.

프런트의 목적은 2가지 중에 하나이다. 야구단을 사업수단으로 잘 활용하여 많은 이윤을 창출하는 것, 혹은 구단주의 의중을 파악하여 그의 구미에 맞게 행동하는 것이다. 전자는 MLB 모델이고, 후자는 KBO 모델이다.

KBO리그는 ㈜서울히어로즈를 제외하고 모두 모기업의 지원금으로 운영되기 때문에 야구단을 통해 굳이 이윤을 창출할 필요가 없다. 그러므로 한국의 프로야구단에서는 운영자금을 지원하는 구단주의 의중이 가장 중요하다. 야구단의 사장과 단장 역시 구단주가 임명한다. 과거에는 사장이나 단장들 대부분이 모기업에서 낙하산으로 내려온 인사들이었으나 근래 들어서는 야구인 출신의 단장들이 임명되는 경우가 늘어나고 있다.

2018년 현재, 야구인 출신 단장은 김태룡(두산), 염경엽(SK), 박종훈(한화), 송구홍(LG), 고형욱(넥센), 유영준(NC) 등 총 6명이다. 그중 염경엽, 박종훈 단장은 감독과 단장을 모두 경험한 인물이다.

2. 감독의 역할

야구를 잘 모르는 사람들은 프로야구 감독이 지시만 하고 별로 할 일이 없는 것 같다고 말한다. 정말 잘 모르는 말이다. 프로야구 감독은 많은 연봉을 받는 만큼 많은 일을 한다.

감독의 가장 중요한 역할은 승리를 일구어 팀을 우승으로 이끄는 것이다. 당장의 승리도 중요하지만 적절한 세대교체를 통한 팀의 연속성 유지도 감독이 수행해야 할 주요 역할이다. 이를 위해 좋은 선수를 발굴하고 육성해야 하기 때문에 감독은 팀 전체 선수단(정원 65명)을 항상 체크하고 관리해야 한다. 물론 이런 과정을 혼자서 수행할 수 없기 때문에 많은 코칭스태프들이 감독을 돕는다.

감독이 맡는 또 하나의 중요한 역할은 승패에 대해 책임을 지는 것이다. "승리의 공은 선수에게 돌아가고 패배의 책임은 감독에게 돌아간다"라는 말이 있다. 패배의 책임은 감독의 숙명이기도 하고 프로야구 감독들이 좋은 대우를 받는 이유이기도 하다.

프로야구뿐만 아니라 대부분 스포츠에서 감독을 지장(智將), 덕장(德將), 용장(庸將), 맹장(猛將) 등으로 구분한다. 이런 구분과 상관없이 스포츠에서 가장 성공한 감독은 '명장'(名將)이라는 칭호를 받는 감독이다.

II. 프로야구 감독 현황

1. 역대 감독 현황

프로야구 출범 첫해인 1982년부터 2018년까지 한국프로야구팀 감독을 역임한 사람은 총 57명이다. 한국프로야구 감독 중에는 한 시즌을 채우지 못한 경우도 있고, 무려 24년 동안 감독을 지낸 경우도 있다. 같은 프로야구 감독 출신이라도 감독마다 개별 중량감이 다른 이유이다.

〈표 2-1〉은 역대 프로야구 감독들의 명단을 정리한 것이다. 시즌 중에 감독이 교체되어 감독 대행을 맡은 경우는 정식 감독이 아니라 제외했다. 대부분의 이름은 익숙하지만, 일반 야구팬들에게 생경한 이름도 있다.

한국프로야구단의 감독을 지낸 사람들 중에 재일교포 출신의 감독은 몇 명 있었지만, 순수 외국인 감독은 제리 로이스터(Jerry Royster)와 트레이 힐만(Trey Hillman) 2명뿐이다.

〈표 2-1〉 한국프로야구 역대 감독 명단

강병철	김용희	박종훈	양승호	이만수	조원우
강태정	김응용	박현식	어우홍	이순철	천보성
김경문	김인식	배성서	염경엽	이재우	트레이힐만
김기태	김재박	백인천	우용득	이종운	한대화
김동엽	김진영	서영무	유남호	이충남	한동화
김명성	김진욱	서정환	유백만	이희수	한용덕
김성근	김태형	선동열	유승안	장정석	허구연
김성한	김한수	성기영	윤동균	정동진	
김시진	류중일	송일수	이광은	제리로이스터	
김영덕	박영길	양상문	이광환	조범현	

2. 이색적인 감독들

2008~2010년까지 3년 동안 롯데 자이언츠에서 지휘봉을 잡은 제리 로이스터 감독은 "No Fear"(두려워하지 말고 자신 있는 플레이를 하라)라는 짧지만 강렬한 문구를 통해 선수들을 격려한 일화로 유명하다.

2017년부터 SK 와이번스의 감독직을 수행하고 있는 트레이 힐만 감독은 SK 와이번스를 홈런 공장으로 변신시켰다. 그는 평소 묵묵히 조용하지만 2018년 6월 20일 삼성과의 경기에서 비디오 판독 후 심판에게 항의하며 2018년 시즌 첫 감독 퇴장이라는 불명예를 안기도 했다.

이충남(야마모토 다다오, 山本忠男)은 우리나라 최초의 '수석 코치'를 지낸 인물이다. 일본 이름(山本忠男)의 뒤에 두 글자를 따서 '충남'이라는 이름으로 한국에서 활약했다.

삼성 라이온즈는 1983년 한국프로야구 최초로 수석 코치라는 보직을 만들어 이충남을 그 자리에 앉혔다. 시즌 개막 후 얼마 되지 않아 서영무 감독이 사임하자 삼성 라이온즈는 이충남을 감독 대행으로 임명했다. 삼성 라이온즈 구단에서는 공식적으로 이충남을 제 2대 감독으로 인정하고 있다.

1987년 한 해 동안 롯데 자이언츠의 감독을 지냈던 성기영 감독은 특이한 이력을 지녔다. 1970년대 초반 5년 동안 코오롱 여자농구팀의 감독을 지낸 것이다. 이렇게 두 종목의 감독을 거친 사례는 스포츠 역사에서 찾아보기 어려운, 매우 특이한 이력이다.

3. 감독의 기록사

1) 재임 기간

감독은 정년이 없는 직업이다. 계약 기간은 있지만 재임 기간 역시 정해져 있지 않다. 한국프로야구 감독 중 최장수 감독은 김응용 감독이다. 김 감독은 1983년부터 2000년까지 18년 동안 해태 타이거즈의 감독을 맡았다. KBO리그에서 단일팀 감독으로는 유례없는 기록이다. 일반 직장인들조차도 18년 근속은 쉽지 않다. 이후 2001년부터 2004년까지는 삼성 라이온즈, 2012년부터 2014년까지는 한화 이글스의 감독을 역임했다. 24년 동안 프로야구 감독이라는 직업에 종사한 것이다.

김응용 감독은 통산 2,935경기에 출전하여 1,567승 1,300패 68무의 성적을 거뒀다. 그중 해태 타이거즈 감독 시절의 경기가 2,147회에 달한다. 2,935경기는 3,000에서 단 65만 빠지는 수치여서 야구팬들은 그의 감독직 은퇴에 아쉬움을 표했다.

프로야구 감독 중에서 한 시즌을 못 채우고 물러난 감독들은 무려 14명이다. 그러므로 최단기 감독을 논할 때는 시즌 수가 아니라 게임 수를 살펴봐야 한다. 프로야구 원년인 1982년 삼미 슈퍼스타즈의 초대 감독이었던 박현식 감독이 최단기 감독으로 꼽힌다. 삼미 슈퍼스타즈는 전기 리그 10승 30패, 후기 리그 5승 35패라는 성적을 거두며 리그 최하위를 기록했다. 그 과정에서 박현식 감독은 단 11경기만 치르고 감독직에서 물러났다.

그다음으로 최소경기를 소화한 감독은 '빨간 장갑의 마술사'인 김동엽 감독이다. 김동엽 감독은 1982년 해태 타이거즈의 초대 감독을 맡았으나 13 경기(5승 8패) 만에 감독직에서 물러났다. 그의 퇴진 원인은 성적 부진이 아니라 지나친 음주와 코치진과의 불화라는 것이 야구계의 정설이다.

그는 자신이 1938년생이라는 점. 그리고, 이북 출신으로 6·25전쟁 때 38 선을 넘어온 '38 따라지'라는 의미로 등 번호 38번을 선호했다. 김동엽 감독은 1971년 건국대 감독을 시작으로 1987년 MBC 청룡의 감독까지 총 13 회의 불명예 퇴진을 기록한 감독으로도 유명하다.

2) 연령

한국프로야구에서 역대 최연소 감독은 허구연이었다. 허 감독은 삼미슈 퍼스타즈를 인수하여 1986년에 창단한 청보 핀토스의 초대 감독을 맡았다. 당시 그의 나이는 35세(허구연 감독은 1951년생)였다. 허구연이 감독을 맡은 청보 핀토스는 개막전부터 내리 7연패를 당하면서 전기 리그를 8 승 23패로 마감했다.

허 감독은 전기 리그 도중인 5월 11일 돌연 단기 일본 연수를 떠났다. 야 구계를 당황케 만든 전례 없는 상황이었다. 이 기간에 청보 핀토스는 강태 정 수석코치에게 감독대행을 맡겼다. 일본에서 돌아온 허 감독은 6월 18일 후기 리그 개막과 함께 감독직에 복귀하였지만, 후기 리그 성적은 7승 2무 17패였다. 시즌이 끝나자 그는 구단에 사의를 표명하였다.

반면, 현역 최고령 감독은 김성근 감독이었다. 음력 1942년 12월 13일 생인 그가 2017년 5월 한화 이글스에서 경질 통보를 받을 당시의 나이는

75세였다. 1940년생으로 2014년 74세의 나이로 현역 감독을 은퇴한 김응용 감독보다 1세 더 많은 나이까지 감독직을 유지했다. 2017년 김성근 감독의 경질 당시, 한화 이글스는 43경기에서 18승 23패로 10개 팀 중 9위를 기록하고 있었다.

3) 저니맨(Journey man)

프로야구에서 '저니맨'은 한 팀에서 오래 머물지 못하고 이 팀 저 팀을 전전하는 선수를 의미한다. 저니맨이 안타까운 것은 프로야구의 계약 구조상 선수 본인의 의지에 따라 팀을 마음대로 옮겨 다니는 것이 아니기 때문이다. 한국프로야구의 대표적인 '저니맨'으로 통하는 선수는 최익성이다. 야구선수로는 드물게 「저니맨」이라는 자서전까지 출간한 그는 1994년 삼성 라이온즈에서 선수 생활을 시작하여 한화, LG, 기아, 현대, 삼성, SK까지 총 7팀에서 선수 생활을 했다.

한국프로야구 감독 중 최고의 '저니맨'은 김성근 감독이다. 그는 OB 베어스(1984~1988), 태평양 돌핀스(1989~1990), 삼성 라이온즈(1991~1992), 쌍방울 레이더스(1996~1999), LG 트윈스(2002), SK 와이번스(2007~2011), 한화 이글스(2015~2017) 등 7팀을 옮겨 다녔다.

'저니맨' 감독인 김성근의 끝은 좋지 않았다. 한화 이글스는 2017년 5월 23일 경기에 앞서 김성근 감독이 사의를 밝혔다고 발표했지만, 기자들의 확인 결과 구단이 경질한 것으로 밝혀졌다. 김성근 감독은 22년 동안 프로야구 감독직을 수행하며 2,651경기에서 1,367승 1,226패 58무를 기록했다.

감독 생활 연차로만 따지면 김응용 감독보다 2년 적지만 역대 한국프로야구 감독 중에 가장 많은 팀을 이끈 감독으로 기록되고 있다.

4) 연봉

프로야구 감독은 선수단 운영과 승패에 대한 모든 책임을 지는 자리이다. 이런 자리에 있는 감독의 연봉은 어느 정도가 적당할까? 모든 재화 및 서비스의 가격은 시장에서 결정된다. 독점 시장이 아니라면 시장에서 결정되는 가격이 적정 가격이다. 생산된 재화 및 서비스에 대하여 공급자가 터무니없이 높은 가격을 책정하면 수요자가 외면하여 공급자는 시장에서 퇴출된다. 반대로 터무니없이 낮은 가격을 책정하면 수요가 몰려서 가격이 오르게 된다. 프로야구 감독의 연봉도 인위적으로 상·하한선을 정하지 않은 경우라면 현재 시장에서 거래되는 가격이 적정하다고 할 수 있다. 〈표 2-2〉는 2018년 프로야구 감독의 계약금, 연봉, 연봉 총액을 나타낸 것이다.

〈표 2-2〉 2018 한국프로야구 감독 계약금 및 연봉

팀명(감독 명)[1]	계약 연도	계약 기간(년)	계약금(억 원)	연봉(억 원)	총액(억 원)
기아(김기태)	2018	3	5	5	20
두산(김태형)	2017	3	5	5	20
롯데(조원우)	2018	3	3	3	12
NC(김경문)[2]	2017	3	5	5	20
SK(힐만)	2017	2	40만 달러	60만 달러	180만 달러
LG(류중일)	S2018	3	6	5	21
넥센(장정석)	2017	3	2	2	8
한화(한용덕)	2018	3	3	3	12
삼성(김한수)	2017	3	3	2	9
KT(김진욱)	2017	3	3	3	12

1 2017년 프로야구 최종 순위
2 2018년 시즌 중, 중도 사퇴

순수 연봉액 기준으로 2018 한국프로야구 감독 중 가장 많은 연봉을 받는 감독은 SK 와이번스의 힐만 감독이다. 연봉은 60만 달러(한화 약 6억 7,000만 원, 1달러 = 약 1,110원)이다. SK의 힐만 감독을 제외하면 국내 감독들의 계약 기간은 모두 3년이다.

가장 많은 계약금을 받은 감독은 LG 트윈스의 류중일 감독이다. 6억 원의 계약금을 받았다. 계약금뿐 아니라 연봉을 합산한 총액 역시 류중일 감독이 3년간 총 21억 원으로 최고 대우를 받았다. 반면, 최저 금액은 넥센의 장정석 감독으로 3년간 총 8억 원에 계약했다.

프로야구 원년인 1982년 감독들의 연봉은 얼마였을까? 당시 감독들의 연봉에 대한 내용은 '프로야구 창립기획서'[3]에서 엿볼 수 있다.

프로야구 창립기획서에 의하면 프로야구 원년의 감독 연봉은 1,200만 원이었다. 하지만 감독 개인마다 능력의 편차가 있기 때문에 천편일률적으로 모든 감독에게 1,200만 원을 주는 것은 시장 논리에 맞지 않았다. 따라서 감독마다 계약금을 달리하는 방식으로 연봉을 보전 해줬다. A급 감독일 경우에는 계약금 2,000만 원+연봉 1,200만 원을 받은 것으로 알려졌다.

1982년 10월 22일자 경제신문에는 개포주공 2차 아파트(25평)의 분양가가 2,430만원, 서초 우성아파트(42평)의 분양가가 3,360만원이라고 나온다. 당시 프로야구 감독의 계약금과 연봉을 합치면 강남에 아파트 한 채를 장만할 수 있는 금액이었다. 지금은 아파트 가격이 많이 올라서 감독들의 연봉으로 강남의 아파트를 구입할 수 있을 정도는 아니지만, 현재도 프로야구 감독의 연봉 수준은 많은 직장인에게 부러움의 대상이다.

---

3 '프로야구 창립기획서'는 프로야구를 발족시키기 위한 일종의 지침서인데, 여기에는 감독과 선수의 연봉에 대한 가이드라인이 포함되어 있다.

게다가 각 구단은 감독들에게 국내산 최고급 신형 세단(운전기사 포함)을 제공한다. 프로야구 감독들이 수행해야 할 책임과 역할을 고려한다면, 현재 감독들의 연봉이 많다 적다를 판단하기는 어렵다.

III. 프로야구 감독 잔혹사

프로야구 감독은 계약서에 계약 기간을 명시하기 때문에 임기를 보장받는 것처럼 보인다. 하지만 성적에 따라 언제 어떻게 될지 모르는 프로야구 감독직을 일명 '파리 목숨'이라고 표현하기도 한다. 이를 감안하면 감독들의 확실한 계약 기간 보장은 없는 것이나 마찬가지이다.

NC 다이노스의 김경문 감독은 2018년 6월 3일 감독직에서 중도 하차했다. 자진사퇴인지 경질인지는 모르겠으나 야구관계자들 사이에서는 이런저런 풍문이 돌았다. 어쨌든 표면적으로 나타난 궁극적인 사퇴 이유는 성적 부진이었다.

엄연히 감독의 잔여 계약 기간이 남았음에도 시즌 중간에 감독이 물러나는 상황이 여러 번 반복되는 것을 프로야구 감독의 잔혹사라고 부른다. 모든 구단이 그런 것은 아니지만 몇몇 구단들은 감독 잔혹사를 가지고 있다. 지금부터 구단별 감독 잔혹사에 대해 살펴보겠다.

1. LG 트윈스

프로야구 감독의 잔혹사를 논할 때 인구에 가장 많이 회자되는 팀은 단연 LG 트윈스이다. 1989년 11월, LG그룹은 프로야구 원년 창단 팀인 MBC 청룡을 인수했다. 감독을 포함해 구단 전체를 인수한 LG그룹은 야구팀의 이름을 트윈스라고 정했다. 여의도에 있는 LG 쌍둥이 빌딩이 LG 그룹의 상징성을 띠기 때문이다. 거기에서 모티브를 따온 것이다. 당시 MBC 청룡의 감독을 맡고 있던 백인천은 자연스럽게 LG 트윈스의 초대 감독을 맡게 되었다. LG 트윈스는 창단 첫해 우승을 거머쥐는 기염을 토했지만, 이듬해 성적 부진으로 백 감독은 하차했다.

LG 트윈스는 1990년 창단 이래 29년 동안 12대 감독(11명) 체제를 구축하고 있다. 그중 재계약에 성공한 감독은 이광환, 천보성 등 단 2명뿐이다. 이들도 재계약 후에는 성적 부진의 책임을 지고 중도 하차했다.

천보성 감독의 바통은 이광은 감독이 이어받았다. LG 트윈스가 당시 40대 초반이었던 이광은을 감독으로 선임한 것에 대해서 야구계에서는 획기적이라고 평가했다. 이를 두고 LG 트윈스 팬들은 LG가 야구 개혁의 신호탄을 쏘아 올렸다고 분석했으나, 이광은 감독도 한 시즌을 치른 후 이듬해 성적 부진으로 중도 하차했다.

이후 감독을 맡은 김성근, 이광환 감독 역시 1년씩만 팀을 맡고 물러났다. 이순철 감독은 임기 마지막 해 6월에 성적 부진으로 중도 사퇴했다. 이후 부임한 김재박 감독 역시 재계약 실패의 전통을 피해 가지는 못했다.

2010년에는 팀 리빌딩을 목적으로 박종훈 감독과 장기(5년) 계약을 맺었으나 박종훈 감독 역시 성적 부진과 팀 운영 미숙이라는 굴레를 쓰고 2년 만에 하차했다.

다음으로 팀을 맡은 김기태 감독은 11년 만에 팀을 포스트 시즌에 진출 시켰지만, 그 역시 2년 차에 성적 부진의 책임을 지고 사퇴했다. 이후 사령 탑을 맡은 양상문 감독은 재임 중 팀을 두 차례 포스트 시즌에 진출시킨 공로로 단장으로 영전되는 영광을 누렸다.

〈표 2-3〉 LG 트윈스 역대 감독 현황

역대	감독	재임 기간	비고
1대	백인천	1990년~1991.10.7	
2대	이광환	1991.10.8~1996.7.23	해임
3대	천보성	1996.11.1~1999.12.5	사임
4대	이광은	1999.12.6~2001.5.15	사임
5대	김성근	2001.10.5~2002.11.23	해임
6대	이광환	2002.12.2~2003.10.9	사임
7대	이순철	2003.10.22~2006.6.5	사임
8대	김재박	2006.10.20~2009.9.26	
9대	박종훈	2009.10.12~2011.10.6	사임
10대	김기태	2011.10.7~2014.5.12	사임
11대	양상문	2014.5.13~2017.10.3	
12대	류중일	2018년~현재	

LG 트윈스의 감독 잔혹사에는 패턴이 있다. 계약 초기에 좋은 성적을 거두어도 중간에 성적이 부진하면 시즌 중이라도 사퇴한다는 것이다. 그것 이 구단의 경질인지 감독 본인이 책임을 지고 자진 사퇴한 것인지를 외부에

서는 알 수 없지만, 한 감독이 최소한 한 시즌을 끝까지 책임지고 갈 수 있게 해 주는 구단의 배려가 아쉬움으로 남는다.

2. 두산 베어스

LG 트윈스가 창단 이래 꾸준히 감독 잔혹사를 겪어왔다면 두산 베어스의 감독 잔혹사는 특정 기간에 집중되고 있다. 2011년부터 2015년까지 5년 동안 무려 4명의 감독이 사령탑을 맡은 것이다. 꽤 잦은 감독 교체이다.

2004년부터 두산의 감독직을 수행한 김경문 감독은 2011년 시즌 도중에 사퇴했다. 김경문 감독은 그의 재임 기간 중 한국시리즈 진출 3회, 포스트 시즌 진출 5회라는 훌륭한 성과를 이루었지만, 구단이 원하는 것은 우승이었다. 우승을 원했던 두산 구단은 김경문 감독과의 재계약에 미온적으로 임했고, 결국 김 감독은 시즌 중에 자진 사퇴했다. 2011 시즌의 잔여 경기들은 김광수 감독대행체제로 치렀다.

이후 취임한 김진욱 감독은 2012, 2013시즌을 책임졌지만, 팀이 2013시즌 한국시리즈 준우승에 머물게 되자 구단은 그를 경질했다. 구단 내에서는 김진욱 감독에게 기회를 더 주자는 분위기였으나 구단주의 반대로 두산과 김 감독의 인연은 거기까지였다는 후문이다. 두산 베어스의 구단주가 우승에 대한 갈망이 얼마나 큰지를 나타내주는 사례이다.

당시 2군 감독이었던 송일수를 이듬해 감독으로 선임했으나 두산은 그해 KBO리그에서 6위를 기록했다. 두산의 이름에 어울리지 않는 초라한 성적이었다. 송일수의 다음 주자는 김태형이었다. 새로 부임한 김태형 감독은 부임 첫해 한국시리즈 우승이라는 대과업을 달성하며 두산 베어스의 감독 잔혹사를 마무리 지었다.

3. 한화 이글스

한화 이글스의 감독 잔혹사는 노장 감독의 흑역사로 점철된다. 한화 이글스를 거쳐 간 노장 감독은 김영덕, 강병철, 이광환, 김인식, 김응용, 김성근 등이다. 이들은 모두 한화 이글스 외에 다른 팀에서 한국시리즈 우승을 경험했던 감독이라는 공통점이 있다. 그래서 '노장'보다는 '명장'이라고 불리는 것이 더 합당한 감독들이다.

그런데 이 명장들은 한화 감독을 지낸 후에 과거 화려했던 본인의 감독 경력에 오점을 남겼다. 그래서 한화를 거쳐 간 명장들의 흑역사는 안타까움을 더한다.

한화 구단은 탁월한 지도 방법과 우승 경험을 겸비한 백전노장 감독들을 모셔와 우승컵을 들어 올리기 원했다. 하지만 그 백전노장들이 전성기 시절 야구판을 호령할 때의 야구 스타일과 한화 이글스를 맡을 당시의 한국프로야구 스타일은 많이 달라져 있었다. 새로운 시대에 새로운 지도력을 발휘하지 못한 것이다. 변화하는 시대의 흐름을 읽지 못한 결과였다. 마치 맬서스의 인구론처럼 말이다.

1798년, 맬서스(Thomas. R. Malthus)는 《인구론》(人口論, An Essay on the Principle of Population)을 저술했다. 약 85년 후인 1882년, 구스타

프 콘(Gustav Cohn)은 《인구론》을 "지금까지 모든 국가 경제에 기반이 되는 중요한 자연법"이라고 극찬했지만, 140년이 지난 1938년 독일의 경제학자이자 사회학자인 베르너 좀바르트(Werner Sombart)는 자신의 저서 《정신과학으로서의 인류학》에서 《인구론》을 "세계의 문헌 중 가장 멍청한 책"이라고 평가했다.[4] 이렇듯 하나의 이론을 두고 후세의 평가가 엇갈리는 것은 어느 학자의 이론이 맞느냐, 틀리느냐의 문제가 아니다. 시간의 흐름에 따른 기술 진보의 속도를 인식하느냐 못 하느냐의 문제이다.

맬서스는 인구는 기하급수적으로, 식량은 산술급수적으로 증가한다는 자신의 통찰력을 바탕으로 인구론을 저술했다. 맬서스가 발표한 인구론은 발표 당시 큰 반향을 일으켰다. 하지만 인구론에 대한 시대별 평가가 극명하게 엇갈리는 것은 사회를 담아내는 기술 진보의 속도 차이 때문이다. 맬서스의 잘못을 굳이 꼽자면 시간의 흐름에 따른 기술 진보의 속도를 가늠하지 못한 것이다. 아니, 어찌 보면 기술 진보의 속도를 가늠하지 못하는 것은 당연하다. 어느 누가 그 속도를 예측하겠는가?

경제학이 일반적 단기 예측에는 매우 강하지만, 장기 예측에 약점을 보이는 이유가 바로 기술 진보의 속도를 예측하지 못하기 때문이다. 결과적으로 기술진보의 속도 때문에 인구론은 호평을 받기도 혹평을 받기도 했다.

다시 한화 이글스의 감독 잔혹사 이야기로 돌아오면, 한화가 모시고 왔던 백전노장의 명장들은 구단이 원하는 만큼의 성적을 거두지 못했다. 야구 전문가들은 그 원인을 두 가지 시각에서 분석했다.

---

4 위키백과, 《인구론》

첫째, 달라진 시대의 야구 변화에 순응하지 못하고 과거 자신의 방법대로 팀을 이끌려던 노장들의 아집이었다.

둘째, 구단에서 원하는 성적을 빠른 시간 내에 달성해야 한다는 조급증이 만들어낸 결과였다. 사실 변화하는 야구의 흐름을 못 읽어낸 프런트 역시 성적 부진에 대한 책임에서 자유로울 수는 없을 것이다.

〈표 2-4〉 역대 한화 이글스 감독

역대	감독	재임 기간	시즌	비고
1대	배성서	1986.3.1~1987.10.13	2	
2대	김영덕	1987.10.14~1993.11.23	6	준우승 4회(88, 89, 91, 92)
3대	강병철	1993.11.24~1998.7.7	5	중도 사퇴
4대	이희수	1998.7.8~2000.11.08	3	1999년 팀 우승
5대	이광환	2000.11.9~2002.10.31	2	
6대	유승안	2003년~2004년	2	최초의 프랜차이즈 선수 출신 감독
7대	김인식	2005년~2009년	6	
8대	한대화	2010년~2012년	3	
9대	김응용	2013년~2014년	2	
10대	김성근	2015년~2017.5.23	2.5	역대 최고령 감독, 중도 사퇴
11대	한용덕	2018~현재		연습생 출신 최초의 감독

1) 김인식 감독

국제대회에서 대한민국 야구 국가대표의 지휘봉을 잡으며 '국민 감독'으로 추앙받았던 김인식 감독과 한화 팬들은 애증의 관계이다. 재임 (2004~2009) 기간 중에 한화 이글스를 한국시리즈까지 진출시켰지만, 국제대회 호성적 이후인 2009년 한화 이글스는 꼴찌 구단으로 전락했다. 김인식 감독은 한화의 마지막 '불꽃'을 보여 준 후, '재'까지 보여주었다.

일부 팬들 사이에서는 2009년 시즌 전에 월드 베이스볼 클래식(WBC)을 준비하고 준우승까지 이루어냈으니 어쩔 수 없다는 동정론도 있었다. 하지만 대다수의 한화 이글스 팬들은 팀이 최하위를 기록한 2009년을 실망스럽게 생각했다. 한화 구단 역시 최하위를 기록한 감독과는 재계약하지 않았다. 결과적으로 김인식 감독이 한화 이글스의 지휘봉을 잡은 6년 동안 세대교체를 통한 팀 리빌딩에 신경을 쓰지 않았고, 베테랑 선수들에 의존하여 당장 성적 내기에만 급급했다는 의견이 많았다. 이때부터 한화 이글스의 암흑기가 시작되었다는 것이 야구계의 중론이다.

2) 한대화 감독

김인식 감독의 퇴진 이후 바통은 '한대화' 감독이 이어받았다. 감독의 이름으로만 보면 '한화'를 '크게'(大) 부활시켜 줄 감독처럼 보였지만 부임 첫해인 2010년에는 전년도와 마찬가지로 최하위(8위)를 기록하였다. 이듬해인 2011년, 한화는 LG 트윈스와 공동 6위를 기록하며 탈꼴찌에 성공하였으나 2012년에는 다시 최하위로 추락하고 말았다. 한대화 감독과 한화의 인연도 여기까지였다.

3) 김응용 감독

2013시즌을 이끈 것은 김응용 감독이었다. 한화의 프런트와 팬들은 시즌을 앞두고 큰 기대를 품었다. 김응용 감독은 24년 동안 프로야구 감독직을 수행하며 한국시리즈 10회 우승이라는 금자탑을 쌓은 최고의 명장이었기 때문이다. 하지만 8년 만에 잡은 지휘봉이 어색해서였는지 김응용 감독은 2시즌 동안 91승 3무 162패(승률 0.360)라는 좋지 않은 성적을 기록했다. 김응용 감독은 명장답지 않은 승률에 2년 연속 최하위를 기록했다는 불명예를 안고 아스라이 퇴진했다.

4) 김성근 감독

탈꼴찌의 돌파구를 찾고 싶었던 한화 이글스의 팬들은 한화 본사 앞에서 김성근 감독을 한화의 감독으로 모셔 달라는 1인 시위를 벌였다. 이런 팬들의 열망이 구단주를 감동시켰는지 그 소망은 끝내 이루어졌다.

한국프로야구 최고령 현역 감독인 '야신' 김성근의 영입은 한화 팬들을 다시금 설레게 했다. 한화 구단은 야신에 대한 예우도 갖추었다. 최고 감독 대우뿐 아니라 팀의 전력 보강을 위해 많은 선수들을 '모셔' 왔다. 특히 2017년에는 김태균, 조인성, 심수창, 정우람 등과 계약하며 KBO리그 전체 팀 중에서 가장 많은 선수 연봉을 지출했다.

하지만 김성근 감독이 부임한 첫해인 2015년(6위)부터 2016년(7위), 2017년(8위)까지 하위권을 맴돌았다. 그나마 위안으로 삼을 수 있는 것은 예전의 8위는 최하위였으나, 2013년에는 NC 다이노스(9 구단)가 2015년부터는 kt wiz(10 구단)가 합류하면서 8위가 10개 팀 중에 꼴찌는 아니라는 정도였다. 계약 기간을 모두 채우지 못하고 2017시즌 도중 한화 이글스의 감독직에서 물러난 김성근 감독은 퇴진 이후 '선수 혹사', '아집'과 같은 말에서 자유롭지 못한 불명예를 안게 되었다.

한화 이글스의 감독직을 거쳐 간 노장들이 모두 흑역사를 쓴 것은 아니다. 2대 감독이었던 김영덕 감독(1988~1993)은 6년 동안 팀을 이끌면서 4번의 플레이오프 진출과 3번의 한국시리즈 준우승을 달성했다. 물론 이때는 '한화'가 아닌 '빙그레' 이글스 시절이었다.

김영덕 감독은 프로야구 원년인 1982년 OB 베어스의 감독으로 한국프로야구 최초의 우승컵을 안은 감독이었다. 1985년 삼성 감독 시절, 한국시리즈가 없는 전무후무한 통합 우승의 영예도 김영덕 감독의 몫이었다. 김영덕 감독은 OB, 삼성, 빙그레 3팀의 감독을 맡았다. 그중에서 우승컵을 거머쥐지 못한 유일한 팀이 빙그레 이글스였다.

2005년 이후 '신(新) 삼김(三金)' 명장으로 불렸던 김인식, 김응용, 김성근 등 3명의 감독 성적만 살펴본다면 한화 이글스는 분명한 '노장의 무덤'이다.

4. 롯데 자이언츠

롯데 자이언츠는 현재 17대 조원우 감독이 팀을 지휘하고 있다. 2016 시즌을 앞두고 계약 기간 2년에 도장을 찍은 조 감독은 부임 첫해 8위에 그치며 '혹시나 했는데 역시나'였다는 평가를 받았다. 이듬해인 2017년 전반기에도 팀이 하위권에 머물자 감독 교체설이 불거지기 시작했다. 그러나 후반기에 접어들면서 선전을 거듭하며 롯데 자이언츠는 정규리그 최종 순위를 3위까지 끌어올렸다.

롯데 자이언츠의 포스트 시즌 진출은 조원우 감독이 롯데 팬들에게 5년 만에 선사한 선물이었다. 하지만 준플레이오프에서는 포스트 시즌 경기 운영 경험 부족을 드러내며 NC 다이노스에게 시리즈를 내주었다. 2017 시즌 최종 순위를 4위로 마감한 롯데 자이언츠의 프런트는 감독 재계약에 대한 고민에 휩싸인 것처럼 보였다.

일반적으로 감독의 재계약 여부는 시즌의 마무리와 함께 공식적으로 발표된다. 하지만 롯데 프런트는 시즌 마지막 경기가 끝나고 열흘이 지나도록 조원우 감독의 거취에 대해서 별다른 발표를 하지 않았다가 이후 조원우 감독과의 재계약을 발표했다.

롯데 구단은 조원우 감독과의 재계약을 발표하면서 구단 내부적으로는 일찌감치 조 감독과의 재계약 방침을 정했다고 밝혔으나 이를 그대로 믿는 야구관계자들은 거의 없었다. 롯데 자이언츠는 재계약 관련 늑장 발표에 대해 예의에 어긋난 행동이라는 비판을 감수해야 했다. 어쨌든 조원우 감독은 재계약에 성공했다.

롯데 자이언츠는 강병철, 김용희 감독을 제외하고는 4년 이상 팀을 이끈 감독이 없었기 때문에 조 감독의 향후 행보를 관심 있게 지켜보는 눈이 더욱 많아졌다. 조원우 감독은 2000년 이후 롯데 자이언츠에서 재계약에 성공한 유일한 감독이기 때문이다.

〈표 4-5〉 역대 롯데 자이언츠 감독

역대	감독	재임 기간	비 고
1대	박영길	1982.1.30~1983.7.5	
2대	강병철	1983.7.6~1986.11.30	1984 한국시리즈 우승
3대	성기영	1987년	
4대	어우홍	1987년~1989년	
5대	김진영	1989년~1990년	
6대	강병철	1990년~1993년	1992 한국시리즈 우승
7대	김용희	1993년~1998년	1995 한국시리즈 준우승
8대	김명성	1998년~2001년	2001 시즌 도중 사망
9대	우용득	2001년~2002년	
10대	백인천	2002년~2003년	
11대	양상문	2003년~2005년	
12대	강병철	2005년~2007년	
13대	제리 로이스터	2008년~2010년	한국프로야구 최초의 외국인 감독
14대	양승호	2011년~2012.10	
15대	김시진	2012.11~2014.10	
16대	이종운	2014.10~2015.10	
17대	조원우	2015.10~현재	재계약 성공

롯데 자이언츠 감독의 잔혹사를 이야기할 때면 마음 아픈 부분도 있다. 제8대 감독이었던 김명성 감독이 2001년 7월 24일 시즌 도중에 심장마비로 사망한 것이다. 우연인지 몰라도 그 후 롯데는 마치 전화번호와 같은 '8-8-8-8-5-7-7'이라는 '롯데 넘버'를 순위로 간직하며 리그의 하위권 팀으로 전락했다.

2000년 이후에는 제리 로이스터 감독의 재임 기간이 3년(2008~2010)으로 가장 길었다. 한국프로야구 최초의 외국인 감독이기도 한 그는 2008년 롯데 자이언츠를 정규리그 3위까지 올려놓은 공을 인정받아 명예 부산 시민이 되기도 했다. 이후 2010년 계약 기간까지 롯데 자이언츠 역사상 3년 연속 포스트 시즌 진출이라는 금자탑을 쌓았지만, 이후의 재계약에는 성공하지 못했다.

Ⅳ. 프로야구 감독의 고충

1. 승리, 그 소중함에 대하여

프로야구의 진정한 주인인 팬들은 항상 자신이 응원하는 팀의 승리를 기원한다. 각 구단의 감독, 코칭스태프, 선수뿐 아니라 프런트 등 모든 구단 관계자들 역시 특별한 경우가 아니라면 자신이 속한 팀의 승리를 기원한다. 이들 중 팀의 승리를 가장 염원하는 사람은 누구일까?

프로야구 종사자 중에 자신의 커리어를 나타낼 때 승수를 붙이는 직종은 투수와 감독뿐이다. 프로야구 감독에게 승리는 그만큼 중요한 훈장이다.

2. 올드팬의 소통 방법

어릴 적 야구장에 가면 관중석을 채운 사람들은 대부분이 아저씨들이었다. 그들은 주변에 노약자, 어린이, 임신부가 있든 없든 주구장창 담배를 피워

댔다. 게다가 관중석 의자 밑에 나뒹구는 소주병을 발견하는 것은 어렵지 않았다. 야구팬 아저씨들은 술을 마시면서 거의 주정에 가까운 응원을 했다. 요즘 말로 하면 그야말로 '개저씨'들이었다.

그런데 그 아저씨들이 싫지만은 않다. 아저씨들의 구수한 입담은 못 들은 척하려 해도 잘 들렸고, 주변 사람들의 웃음을 자아내는 야구장의 청량음료와 같은 존재였다. 물론 모든 아저씨들의 입담이 청량감을 주지는 않았다. 더운 날씨에 뚜껑이 열린 상태로 오래되어 김이 빠져버려 불쾌한 단맛만 제공하는 청량음료와 같은 경우도 있었다.

아버지랑 야구장을 찾은 어느 날, 아버지는 옆에 어린이가 있든 없든 마구 욕설을 해대는 아저씨들이 불쾌하셨던 모양이다. 그 욕설이 자기에게 향하는 것은 아니지만, 어린 아들이 욕설을 들을까 봐 민망하셨던 것이다. 그러나 정작 아들은 아무렇지도 않게 아저씨들과 함께 상대편 선수에게 욕설을 하고 있었다. 그런 나를 바라보시던 아버지의 표정이 지금도 잊히지 않는다.

그 아저씨들은 어찌나 정보가 풍부한지 "○○○는 어제 부부싸움 해서 오늘 컨디션이 안 좋다", "○○○는 어제 술집에서 자기가 과음하지 말라고 타일렀는데도 과음해서 배탈이 났다"는 등 고급정보(?)를 제공하는 정보의 바다였다. 지금 생각해 보면 입에서 그냥 튀어나오는 그야말로 '아무 말'인데, 그 당시에는 어린 나이에도 불구하고 아저씨들의 재미있는 고급정보를 듣기 위해서 귀를 쫑긋 세웠던 기억이 난다.

1984년으로 기억한다. OB 베어스와 MBC 청룡의 경기가 있었던 동대문 야구장, 야구 경기가 끝나고 야구장에서 몰려나온 수많은 인파 사이로 흰색

스텔라 한 대가 거북이 운행을 하고 있었다. 그 차를 보고 누군가 소리쳤다. "김성근 차다!" 실제로 그 차에는 김성근 감독이 타고 있었다. 당시만 해도 자가용 승용차가 귀하던 시절이었다.

사람들은 인파 사이로 서서히 움직이는 그 차에 발길질을 해댔다. 자신이 응원하는 팀이 경기에서 패배하여 그 팀의 감독에게 화풀이를 하는 것 같았다. 당시에는 자신이 응원하는 팀이 패배할 경우, 팬들은 그런 식으로 감독에게 화풀이했다.

3. 요즘 팬의 소통 방법

정보통신과 미디어의 발달로 인해 이제는 비밀이 없고, 많은 정보가 동시 다발적으로 확산되는 시대이다. 야구팬들은 실시간으로 공유되는 야구정보를 나름대로 정밀하게 분석한다. 여기에 팬덤(fandom)까지 더해지면 분석한 내용은 약간의 과장된 옷을 입고 진실처럼 떠돌아다닌다.

야구팬들은 자신이 수집한 여러 가지 정보를 활용하여 프로야구 관련 기사에 댓글을 단다. 마음에 드는 선수에 대한 칭찬도 아끼지 않는다. 마음에 들지 않는 선수가 있으면 익명성에 기대어 악성 댓글을 달기도 한다. 본인이 정보 획득과 분석에 자신감이 있으면 야구팬 커뮤니티 등에 필명으로 글을 올리기도 한다. 요즘 야구팬들의 일상적인 소통 방법이다.

과거에 비해 진일보한 세련된 방식이면서 프로야구의 인기 정착에 큰 기여를 한 부분이기도 하다. 일부 프로야구 마니아들의 전력 분석 실력은 각 팀의 전력 분석원, 또는 해설위원의 수준까지 올라섰다는 평가도 있다.

열성팬들의 팬덤이 프로야구 활성화에 기여했다는 긍정적인 부분만 있는 것은 아니다. 자신이 응원하는 팀이 중요한 경기에서 패하거나 연패에 빠지면 그 구단과 관련된 프로야구 게시판은 뜨거워진다. 팀의 감독과 근래에 부진한 컨디션을 보인 선수들은 십자 포화를 맞는다. "어떤 선수를 왜 선발 출전시켰느냐?", "누구를 왜 기용하지 않느냐?" 등 패배에 대한 모든 책임을 감독에게 돌린다. 자신의 응원 팀이 승리하기를 간절히 바라는 마음은 충분히 이해하지만 이런 비판은 타당성이 떨어진다.

앞서 밝혔듯이 승수(勝數)는 감독의 명함이기 때문에 팀의 승리를 누구보다 간절하게 원하는 사람은 감독이다. 또한, 감독은 당장 잘하는 선수를 기용하여 눈앞의 승리만을 취하는 것이 아니라 팀의 세대교체도 생각해야 하기 때문에 많은 변수를 고려해야 한다. 프로야구 감독이라는 자리는 망망대해에 홀로 떠 있는 배의 선장과도 같다. 승리, 선수 육성, 프런트와의 관계 등 어느 것 하나 소홀히 할 수 없기 때문이다.

하지만 아주 간혹 비상식적인 라인업을 짜고 이해할 수 없는 행동을 하는 감독도 있기는 하다.

4. 정보의 비대칭성

감독과 팬들 사이의 선수 기용에 대한 생각이 다른 것은 이들 사이에 상존하는 정보의 양과 질이 다르기 때문이다. 팬은 엄밀히 말해 구단 내부에서 발생하는 많은 정보로부터 소외된 외부인이다. 감독은 팀의 모든 선수(65명)에 대한 정보를 매일 보고 받으며 매 순간 팀과 선수의 상황을 체크

한다. 이렇듯 감독과 팬들이 접할 수 있는 정보의 양과 질이 다르기 때문에 선수기용에 대한 생각이 서로 다를 수밖에 없다. 이를 경제학에서는 '정보의 비대칭성'이라고 한다.

'정보의 비대칭성'(asymmetric information)이란, 경제적 이해관계를 가진 당사자 간에 정보가 한쪽에만 존재하고 다른 쪽에는 존재하지 않는 상황을 말한다. 이런 상황은 일상생활 속에서도 많이 찾아볼 수 있다.

보험회사와 보험가입자, 고용주와 피고용인 관계 등이 그 예이다. 중고차 거래와 같은 중고 상품의 거래 역시 정보의 비대칭성이 나타나는 좋은 사례이다.

정보의 비대칭성은 둘 중 하나의 형태로 나타난다.

첫째는 '감추어진 특성'(hidden characteristic)이다. 중고차 시장에서 중고차를 사려고 하는 사람은 전문가가 아닌 이상 중고차의 결점에 대해 잘 알지 못한다. 일반적으로 중고차의 거래에 있어서는 주로 판매자가 구매자보다 더 많은 정보를 가지고 있다. 중고차라는 특성상 재화의 정보가 감추어져 있기 때문이다. 그래서 중고차 시장을 '레몬 마켓'(lemon market)이라고도 한다. 레몬은 겉의 색깔은 그럴싸하지만 속의 과실은 매우 시기 때문에 과일로서는 별 매력이 없다. 이와 반대되는 개념은 '복숭아 시장'(peach market)이라고 한다.

보험가입자와 보험회사의 관계도 마찬가지이다. 보험회사는 보험가입자의 사고 위험성을 제대로 알지 못한다. 이 역시 보험가입자의 감추어진 특성이 된다.

둘째는 '감추어진 행동'(hidden action)이다. 고용주와 근로자의 관계에서 고용주는 어떤 근로자가 최선을 다해 열심히 일하는지의 여부를 정확히 알기 어렵다. 고용주는 근로자의 모든 행동을 제대로 관찰할 수 없을 뿐만 아니라 근로자의 감추어진 속마음을 파악하는 것은 더욱 어렵다. 이런 상황에서 근로자의 노력 정도가 고용주에게는 '감추어진 행동'이 된다.

감추어진 행동은 '도덕적 해이'(moral hazard)와도 연결이 된다. '도덕적 해이'라는 말을 언뜻 들어보면 공직자가 비도덕적이거나 비윤리적 행위를 저지르는 '공직기강 해이'를 떠올리기 쉽다. 하지만 '도덕적 해이'와 '공직기강 해이'는 다르다.

도덕적 해이는 TV 드라마 "시크릿 가든"에서 '이태리 장인이 한 땀 한 땀 만든' 체육복을 입는 멋진 현빈이 자주 쓰는 말에서 찾을 수 있다. "이게 최선입니까? 확실해요?"라고 물었을 때, "예"라고 대답할 수 없는 상황이면 도덕적 해이라고 할 수 있다. 발생할지 모를 최악의 상황을 미연에 방지하기 위해 최선의 노력을 다했는지가 도덕적 해이의 판단 기준이 된다.

정보의 비대칭성 외에도 정보 경제학에서 중요하게 다루는 문제로는 '신호와 선별 이론'(Signalling & Screening theory)이 있다.

야구 중계를 시청할 때, 카메라는 가끔 덕아웃을 비춘다. 그때, 선발 출전하지 못한 선수들은 감독 근처에서 방망이를 계속 휘두르고 있다. 나를 출전시켜 주면 뭔가를 해낼 수 있다는 강렬한 메시지를 담은 스윙이다. 감독에게 내 몸 상태가 괜찮으니 대타로라도 출전시켜 달라는 일종의 신호를 보내는 것이다.

경제학에서 신호란, '감추어진 특성에 대한 관찰 가능한 지표'를 말하며 선별이란, '정보를 갖지 못한 측이 정보를 가진 측의 유형을 판별하고자 하는 노력'을 말한다. 중고차 시장에서 무상보증 기간을 적시하는 것은 고객들에게 이 중고차의 품질이 괜찮다는 신호를 보내는 것이다. 또한, 구직자들은 자기소개서와 입사지원서에 회사가 검증하기 어려운 화려한 이력을 적어 낸다. 내가 이 정도로 괜찮은 사람이니 나를 뽑아 달라고 기업에게 신호를 보내는 것이다. 자기소개서와 입사지원서만 본다면 대한민국은 실력이나 성격이 우수한 인재들로만 가득한 나라이다. 요즘에는 이력서에 사진을 붙이는 공간이 없어졌지만, 이력서에 사진을 붙이던 시절에는 현대과학(포토샵)의 기술을 이용하여 실물보다 멋진 사진을 만들어서 붙인다. 이 또한 일종의 신호이다.

이외에도 우리가 살아가는 일상생활에서 신호와 선별의 사례는 무수히 많다. 이렇게 신호가 난무하는 상황에서 신호를 제대로 선별하기 위해서는 정확한 정보가 필요하다. 하지만 정보의 비대칭성이 심해질수록 제대로 된 선별은 점점 더 어려워진다. 이렇게 정보의 비대칭성은 사회적 비용의 증가를 발생시키고 사회 전반에 비효율성을 초래한다.

'신호 현상 이론'은 1974년 마이클 스펜스(Michael A. Spence)가 처음 주창했다. 이후 많은 경제학자들이 정보 경제학과 관련된 여러 가지 연구를 수행하였다. 2001년에는 스티글리츠(J. E. Stiglitz), 애컬로프(G. A. Akerlof) 등이 정보 경제학에 대한 공로를 인정받아 노벨경제학상을 공동으로 수상하였다. 프로야구 감독과 열성 팬 사이에 발생하는 상호 갈등의 주요 원인 역시 정보의 비대칭성에서 발생한다.

　프로야구 경기 관련 종사자들의 모든 경력은 기록으로 남는다. 타자는 경기 수, 타율, 홈런, 안타, 장타율, 도루, 출루율 등 세분화된 기록들을 남긴다. 투수 역시 타자보다는 적지만 많은 기록을 남긴다. 매 경기 그라운드에 투입되지만, 존재감이 크지 않은 심판들 역시 '몇 경기 출전'이라는 기록을 남긴다. 하지만 프로야구 코치들은 개인 기록이 없다. 경기에 출전했는데 기록이 없다는 것은 야구인으로서 조금 서운한 일이다.

　10개 구단의 코치 현황을 살펴본 결과, 한화 이글스의 코치가 31명으로 가장 많았고 넥센 히어로즈와 kt 위즈의 코치가 17명으로 가장 적었다. 대부분의 구단은 타격, 투수, 배터리, 주루, 작전, 수비, 트레이닝, 재활 등으로 코치의 역할을 분담하고 있다. 하지만 구단마다 추구하는 색깔이 있기 때문에 구단별 코치진 구성도 약간씩 다르게 나타난다.

　두산 베어스는 1군 코치 22명 중에 '벤치 코치'(박철우)가 있다. 이름만 들어서는 구체적으로 무슨 역할을 하는지 모르지만, 선수들을 보듬어 주고 많은 대화를 통해 선수들의 컨디션을 확인하는 역할을 하는 것으로 추측된다.

　SK 와이번스 역시 22명의 1군 코치가 있는데, 그중 예이츠는 'QC'(Quality Control) 코치를 맡고 있다. 이는 다른 9개 구단에는 없는 특이한 명칭이다. QC 코치[5]란, 특정 분야만 담당하는 것이 아니라 경기 영상 및 통계 분석을 통해 경기 운영 전략을 준비하고 팀의 부족한 부분을 전반적으로 지도하는 코치이다.

---

5 인천일보 2017.1.10.

라일 예이츠 코치는 1군 경기 지원, 투수 인스트럭터, 외국인 선수 스카우트 임무까지 다양한 역할을 수행한다. 또한, SK 와이번스에는 5명의 컨디셔닝 코치가 있는데 이들은 등번호가 없다. SK 와이번스 외에 롯데 자이언츠에도 컨디셔닝 코치가 있는데 그들은 등번호가 있다.

한화 이글스는 10개 구단 중에 코치가 가장 많은(31명) 구단이다. 그중 5명은 1군 트레이닝 코치를, 4명은 육성군 트레이닝 코치를 맡고 있다. 배민규(등번호 90번) 트레이닝 코치를 제외한 8명은 SK 와이번스의 컨디셔닝 코치처럼 등번호가 없다.

넥센 히어로즈에는 총 17명의 코치가 있다. kt 위즈와 함께 10개 구단 중 가장 적은 인원이다. 또한, 트레이닝, 컨디셔닝 코치가 없다. 가장 특이한 것은 잔류군. 투수 코치인 설종진 코치가 운영 3팀장을 겸하고 있다는 점이다. 즉, 설종진 코치는 구단의 프런트와 현장을 동시에 겸하는 역할을 수행하고 있는 것이다.

기아 타이거즈는 총 19명의 코치가 있지만, 수석코치가 없다. 또한, 트레이닝 코치라는 명칭 대신 3명의 '체력 코치'가 있다.

삼성 라이온즈는 총 23명의 코치가 있는데, 특이한 것은 BBArk[7] 투수 코치(조진호), BBArk 타격 코치(강기웅)가 있다는 점이다.

롯데 자이언츠는 총 24명의 코치가 있다. 특이한 점은 1군 수비 코치를 내야 수비(김민재), 외야 수비(박정환) 코치로 나누었다. 또한, 2명의 외국인 코치(옥스프링, 프랑코)가 있는데 그들은 모두 2군 선수들을 지도하고 있다.

---

6 2018년 기준
7 BBArk는 유망주 집중 육성과 1군 재활 선수들의 원포인트 회복에 초점을 맞추는 구단 내 (퓨처스리그) 조직이다.

3장

질해야 본전!
프로야구 심판

Ⅰ. 그라운드의 포청천

"포청천" 하면 떠오르는 이미지는 TV를 통해 방영된 무섭게 생긴 중국 배우이다. 실존 인물인 포청천은 중국 송나라의 정치가였다. 그는 관료 생활 동안 공평하고 사사로움이 없는 정치로 백성들의 신망을 얻었다.

지방관으로 재직할 당시에는 백성의 억울한 사건을 명쾌하게 해결해 주었을 뿐 아니라 부당한 세금을 없애 백성들로부터 존경을 받았다. 이후 판관으로 부임해서는 부패한 정치가들을 엄정히 처벌하였으며 소박하고 검소한 생활을 이어나가며 청백리의 표상이 되었다.

스포츠 경기에서 한쪽에 치우치지 않고 공정함을 유지하는 스포츠 심판을 '그라운드의 포청천'이라고 말한다. 심판에게 가장 중요한 덕목은 공평성과 올바름이 합쳐진 공정성이다.

1. 비효율적 직업

"잘해야 본전이다"라는 말은 경제학적으로 하지 말아야 할 선택을 의미한다. "잘한다"라는 것은 시간이나 비용을 투입해서 좋은 결과를 추구하는 행위인데 그 결과가 본전이라는 것은 비효율의 산물을 의미하기 때문이다. 또한 "싸우지 마라, 이겨도 손해다"와 같은 문구에 의하면 싸움을 하면 이기든 지든 무조건 손해를 보는 상황이 된다. 그러므로 현명한 사람들은 이런 선택을 하지 않는다. 반면 '밑져야 본전'인 상황을 접하면 무조건 선택해야 한다. 사실 본전, 밑짐, 손해 등의 상황은 회계비용 상의 내용이다. 정확한 계산을 위해서는 기회비용을 따져 봐야 최종적인 손익이 도출된다.

어떤 스포츠 경기던지 경기장의 관중이나 TV시청자가 그날 경기의 심판 이름을 기억하지 못해야 좋은 심판이다. 그렇기 때문에 심판이라는 직업은 정말 잘해야 본전인 직업이다.

프로야구는 우리나라 스포츠 종목 중에서 시즌 중 가장 많은 경기를 치른다. 또한, 모든 경기가 방송을 통해 중계되므로 프로야구 심판은 팬들에게 얼굴과 이름이 가장 많이 노출되는 종목의 심판이다. 그렇기 때문에 몇 차례 오심을 범한 심판으로 이름이 거론되면 그 심판은 저질 심판으로 낙인찍힌다. 그러므로 우리나라 스포츠 심판 중에서 프로야구 심판은 극한 직업에 가깝다.

2. 심판

1) 심판의 종류

모든 스포츠 경기에는 심판이 존재한다. 공정한 규칙 적용을 통해 어느 쪽도 억울하지 않은 경기 결과를 도출하기 위해서이다. 일반적으로 스포츠 경기의 심판은 3가지로 구분한다.

첫째, '레퍼리'(referee)이다. '레퍼리'는 경기 중에 선수들과 함께 뛰어다니면서 상황마다 지켜보며 판단을 내리는 심판을 의미한다. 축구, 농구 등의 심판이 여기에 해당한다.

둘째, '엄파이어'(umpire)이다. '엄파이어'는 선수들과 함께 뛰지 않고 한 곳에 자리를 잡은 심판을 의미한다. 야구, 탁구, 배구, 테니스 등의 심판이 여기에 해당한다. 다만, 테니스 경기에는 '레퍼리'와 '엄파이어'가 공존한다.

테니스에서 '레퍼리'는 여러 심판 중에 최상위 결정권을 갖는 심판장을 의미한다. '엄파이어'보다 지위가 높은 개념이다.

셋째, '저지'(judge)이다. '저지'는 기량에 점수를 부여하는 심판을 의미한다. 체조, 피겨스케이팅 등의 심판이 여기에 해당한다.

2) 심판의 스트레스

운동경기의 특성에 따라서 심판의 지정 위치와 참여 정도는 다르지만, 심판들이 판정할 때 가장 어려운 부분은 순간적으로 발생하는 상황에 대해서 판단을 내리는 것이다. 그중에서도 야구의 아웃, 세이프 판정은 TV 중계화면을 천천히 돌려볼 때도 애매모호한 경우가 많다. 이런 상황에서 순간적으로 판단을 내려야 할 때, 심판들은 자칫 오심이라는 불명예를 안게 된다. 이는 프로야구 심판들이 매우 스트레스를 받는 원인이기도 하다.

II. KBO리그의 심판

1. 심판 현황

KBO리그의 심판은 1군과 2군으로 나누어 운영된다. 누구나 예상하듯이 처음에 프로야구 심판이 되면 2군에서부터 시작한다. 그 후 기회가 닿으면 1군 심판으로 승격된다. 2018년 기준으로 KBO 심판위원회에 소속된 심판위원은 위원장을 포함하여 총 50명이다. 프로야구단이 10개 구단이고 정규리그 시즌 중에는 매일(월요일 제외) 5경기가 열리기 때문에 5개 팀으로 구성된다. 1개 팀에는 팀장을 포함하여 5명이 포진해 있고 4명이 그라운드에서 심판을 보며 나머지 한 명은 대기심이 된다. 대기심은 그라운드의 심판에게 무슨 일이 생기면 대신 투입되는 비상대기조 역할을 한다.

〈표 3-1〉 2018 KBO리그 심판 현황

위원장	김풍기				
팀장	강광회	김병주	박기택	전일수	최수원
심판위원	구명환	김태완	송수근	이기중	정종수
	권영철	김한상	송원호	이민호1	차정구
	김갑수	나광남	오훈규	이민호2	최영주
	김선수	문동균	우효동	이영재	최현종
	김성철	문승훈	원현식	이용혁	추평호
	김익수	박근영	유덕형	이호성	함지웅
	김정	박종철	윤상원	장준영	황인권
	김정국	박지민	윤태수	장후석	황인태
	김준희	배병두	이계성	정은재	

(자료 : 2018년 기준)

각 팀의 팀장은 연공서열에 의해 정해지지만, 예외인 경우도 있었다. 2007년 조종규 심판위원은 후배인 김병주 심판위원에게 팀장 자리를 넘기면서 평 심판위원으로 활동했다. 5개 팀의 25명을 제외하고 나머지는 2군 심판이다. 프로야구 심판의 정년은 만 60세이지만 매년 계약을 갱신하기 때문에 '만 60세까지 정년을 보장해 준다'라는 의미보다는 '만일 만 60세 이상이 되면 물러나라'라는 의미가 강하다.

2. 심판 배정

1) 팀 및 경기 배정

프로야구 심판들의 팀 구성 및 경기 배정은 심판위원장과 각 팀장(5명)이 상의 후에 결정한다. 정규리그 경기에서 심판 한 팀은 대기심을 포함하여 5명으로 구성된다. 포스트 시즌에서는 구심, 1, 2, 3루심, 좌·우 선심을 포함하여 총 7명으로 구성된다. 7명은 각 팀장을 포함하여 베테랑 심판으로 구성된다. KBO 심판위원회에 문의한 결과, 프로야구 1·2군 심판은 시즌 전에 정해지고 별다른 일(심각한 오심으로 인한 강등, 사회적 물의 등)이 없으면 한 시즌 동안 그 신분(1·2군, 각 팀)이 유지된다고 한다. 하지만 필자가 조사한 바에 따르면 이는 사실과 조금 달랐다. 〈표 3-2〉는 프로야구 심판 5개 팀 중에서 한 팀(팀장 박기택)의 경기 일정을 보여 준다.

KBO의 설명대로라면 시즌 시작과 동시에 5명이 한 팀을 이루어서 시즌 종료까지 그 구성원들이 유지되어야 한다.

4월 10~12일 경기에서는 박기택, 이영재, 추평호, 황인태, 김익수, 윤상원 등 6명이 로테이션으로 돌아가고 있다. 또한, 5월 1~3일 경기를 보면 구명환, 배병두 등이 추가로 들어와 있다. 7월 3~8일 경기를 보면 구명환, 배병두가 빠지고 김익수, 윤상원이 합류했다. 8월 1~8일 경기를 살펴보면 황인태가 빠지고 장준영이 합류했다. 이런 심판 구성을 보면 시즌 초에 각 팀의 심판원들이 구성되고 이 멤버들이 시즌 종료 때까지 지속된다는 것은 사실이 아닌 것 같다. 혹시 이 상황만의 특별한 경우일 수도 있다. 그럼에도 불구하고 심판위원회의 설명은 심판 구성 상황과 일치하지 않는다.

<표 3-2> 프로야구 심판 배정

날짜	경기	구심	1루심	2루심	3루심	대기심
4월 10일	KT : NC	이영재	박기택	추평호	황인태	김익수, 윤상원
4월 11일	KT : NC	추평호	황인태	박기택	김익수	
4월 12일	KT : NC	박기택	김익수	황인태	이영재	
5월 1일	SK : 삼성	박기택	구명환	황인태	이영재	배병두, 추평호
5월 2일	SK : 삼성	황인태	이영재	배병두	추평호	
5월 3일	SK : 삼성	배병두	추평호	구명환	박기택	
7월 3일	한화 : 기아	윤상원	황인태	김익수	박기택	이영재, 추평호
7월 4일	한화 : 기아	김익수	박기택	이영재	추평호	
7월 5일	한화 : 기아	이영재	추평호	황인태	윤상원	박기택, 김익수
7월 6일	NC : 넥센	황인태	윤상원	박기택	김익수	추평호, 이영재
7월 7일	NC : 넥센	박기택	김익수	추평호	이영재	
7월 8일	NC : 넥센	추평호	이영재	윤상원	황인태	
8월 1일	LG : 두산	장준영	박기택	이영재	추평호	김익수, 윤상원
8월 2일	LG : 두산	이영재	추평호	김익수	윤상원	
8월 4일	LG : 두산	김익수	윤상원	박기택	장준영	
8월 5일	NC : 한화	박기택	장준영	추평호	이영재	
8월 7일	NC : 한화	추평호	이영재	윤상원	김익수	
8월 8일	NC : 한화	윤상원	김익수	장준영	박기택	

　　각 팀의 심판위원은 경기마다 맡는 위치가 다르다. 심판 로테이션을 자세히 들여다보면 한 가지 패턴을 발견할 수 있다. 심판 배정이 '3루심→1루심→2루심 → 구심 → 대기심'의 순서로 이루어진다는 것이다.

　　야구 경기에서 가장 많은 판단을 하는 심판은 구심이다. 아웃, 세이프, 체크스윙, 파울, 홈런 등의 판단을 하는 1, 2, 3루심의 역할에 투수 보크, 타격

방해, 파울팁까지 판단한다. 무엇보다도 투수가 던지는 공 하나하나에 대해 스트라이크, 볼 판정을 내리는 가장 중요한 역할을 수행한다. 그래서 구심의 역할은 매우 중요하다. 구심을 맡는 심판은 전날 경기에서는 2루심을 맡는다. 2루심을 맡으며 스트라이크 존 등을 검토하면서 다음 날 경기에 대비하는 것이다.

KBO가 공식적으로 밝힌 바로는 심판들의 신상 및 연봉 등과 관련된 부분은 대외비라고 한다. 하지만 KBO리그에서 심판으로 활동하는 대다수 심판은 프로야구 선수 출신이기 때문에 프로야구 구단 관계자들과 직·간접적으로 연결되어 있다. 이런 상황에서 심판들에 대한 신상이 대외비라니 조금 당황스럽다.

2) 심판 번호의 의미

팬들이 야구장을 찾았을 때 멀리서도 각 팀의 선수가 어떤 선수인지 알 수 있는 것은 선수들의 '등번호' 때문이다. 각 선수의 등번호는 이처럼 개인 식별 역할을 하고 있다. 마찬가지로 프로야구 심판들도 '심판 고유 번호'가 있다. 그런데 심판 고유 번호는 선수들처럼 등이 아니라 왼쪽 팔에 번호가 부착되어 있다. 그러므로 '팔번호'라고 불러도 될 것 같은데, 그 번호에 관심 있는 사람이 그렇게 많지 않아서 그런지 그냥 심판 고유 번호 정도로 부른다.

심판 고유 번호가 갖는 특별한 의미는 없다. 예를 들어, 한 자릿수 번호는 베테랑 심판이라고 생각할 수도 있지만 그렇지 않다. 선수들이 팀에 입단했을 때 남는 번호 중에 마음에 드는 번호를 고르듯이 심판의 고유 번호 역시 동일한 과정으로 배분된다. 다만, 프로야구 출범 당시에는 1, 2번 심판이 특별했으므로 프로야구 출범 초기에 부여한 심판 번호는 의미가 있었다.

3. 프로야구 선수 출신 심판

1) 심판의 출신 성분

현재 프로야구 심판 50명(위원장 포함) 중 프로야수 선수 출신은 64%인 32명이다. 그러므로 KBO리그에서 감독, 코치, 선수, 프런트를 포함한 야구 관계자들과 심판은 어떤 식으로든 연결될 수밖에 없다.

프로선수 출신 심판 입장에서는 그라운드에서 뛰는 현역 선수들이 한참 후배이다. 자연스럽게 심판이 선수들에게 반말하는 분위기가 형성될 수밖에 없다. 하지만 말은 행동으로 이어지게 마련이다. 경기 중에 선수들과 의견 차이가 발생하면 심판들은 권위적인 자세를 취한다. 이는 심판이라는 직책의 엄중함에서 나오는 '권위'와는 다른 것이다. 그냥 '권위적'이 된다. 이런 관계가 성립하면 심판보다 나이 많은 감독들 역시 심판들을 야구계의 후배 정도로 생각하고 항의할 때 심판들에게 반말을 하게 된다. 결국, 경기를 원활하게 진행하기 위해 규칙을 적용하는 심판의 권위는 추락할 수밖에 없다.

2) 선수와 비(非)선수 출신 심판

심판과 선수 사이에 발생하는 가장 큰 문제는 프로야구 선수 출신이 아닌 젊은 심판과 베테랑 선수들과의 신경전이다. 2011년 5월 15일 잠실구장에서 펼쳐진 SK와 두산전에서 6회말 김동주(두산)는 삼진아웃을 당하자 구심인 김정국 심판에게 격렬하게 항의했다. 스트라이크 볼 판정은 구심 고유의 권한이기 때문에 항의 대상이 아니다. 어쨌든 이날 KBO리그의 베테랑 선수인 김동주가 심판에게 격렬하게 항의하는 장면, 그리고 젊은 심판이 선수에게 쩔쩔매는 장면은 모두 생중계되어 야구팬들의 뇌리에 남았다. 김정국 심판에 대한 김동주 선수의 강한 불만 표출은 "현역 프로선수들이 비선수 출신인 젊은 심판을 무시하는 것 아니냐"는 우려를 자아냈다.

3) 선수와 선수 출신 심판

2013년 4월 5일, 잠실야구장에서 펼쳐진 두산과 LG의 경기에서 5회초 홍성흔 선수는 삼진아웃 판정을 받자, 구심인 문승훈 심판에게 거칠게 항의했다. 이 항의는 일반적으로 심판과 선수의 항의처럼 신경전에서 끝난 것이 아니라 '배치기'라는 물리력까지 동원되었다. 홍성흔은 당연히 퇴장을 당했고 KBO 상벌위원회에 회부되었다. 문승훈 심판은 1989년 해태 타이거즈에 입단하여 4년 동안 외야수로 선수 생활을 한 프로선수 출신이다. 홍성흔 선수보다 20년 먼저 프로선수 생활을 한 대선배이다. 이런 심판에게도 현역 선수들이 강렬하게 항의하는 것을 보면 심판이 프로선수 출신인지의 여부, 심판의 나이 여부 등은 선수들이 항의하는 데 있어서 특별한 고려사항이 아닌 것 같다. 그냥 그 상황을 받아들이지 못하고 항의하는 것이라고 해야 정확할 것 같다. 결국, 심판이 프로선수 출신이어서 대우하고 비선수 출신이어서 무시하는 것은 아니라는 결론에 이르게 된다.

4. 심판 기록

1) 개막 경기 심판[1]

1982년 3월 27일 한국프로야구의 개막 경기가 열렸던 날, 모든 언론과 야구팬들의 관심사는 10회말 MBC 청룡의 이종도가 쳐낸 끝내기 만루 홈런이었다. 이 홈런 한 방은 한국프로야구의 출범 동기에 대한 여러 가지 부정적 담론을 완화하는 하나의 완충재 역할을 했다.

반면 개막 경기의 주심을 누가 맡았는지에 대해 관심 있는 야구팬은 거의 없었다. 그 부분에 대한 일화는 《한국야구사》[2] 1,161페이지의 '프로야구 출범 경기 주심' 부분에 자세히 기록되어 있다. 그 내용은 다음과 같다.

역사적인 프로야구 출범 경기의 구심은 당연히 심판 번호 1번인 '김옥경' 심판이 맡을 줄 알았는데, 막상 뚜껑을 열어 보니 영광의 주인공은 심판 번호 2번인 '김광철' 심판이었다. 일반적인 야구팬들은 "그냥 그런가 보다"라고 넘어갈 수 있는 사안이지만 야구인들은 왜 그런 상황이 발생했는지 매우 궁금해 했다.

야구계 주변 호사가들에 따르면, 개막전 경기의 주심은 당연히 '심판 번호 1번' 김옥경이었다. 그런데 그가 개막 경기 전날(1982년 3월 26일) 경기장(동대문 운동장) 주변에서 술을 마시다가 "전두환 대통령이 시구하는 게임에 내가 주심을 보게 됐다"라는 자랑을 늘어놓았고, 그 내용이 기관원의 귀에 들어가 모처로 연행돼 이틀간 갇히는 곤욕을 치르느라 주심이 바뀌었다는 것이다. 하지만 20년 후, 당시 주심을 맡았던 심판 번호 2번 '김광철'은 그날의 비화를 새롭게 밝혔다.

---

1 한국프로야구 첫 주심 '웃지 못할 비화', 일간스포츠, 2002. 4. 5.
2 《한국야구사》 (이종남, 유홍락, 천일평 공저), 1999. 3.

"개막 1주일 전 당시 KBO 이용일 사무총장이 심판 명단을 통보해 왔는데 처음부터 후배인 내가 주심이고 김옥경 선배는 1루심으로 배정되어 있었다. 김옥경 선배가 그때 미국에 이민을 가는 가족과 함께 나갔다가 대회 3일을 앞두고 귀국하는 바람에 그런 배정이 난 것으로 안다. 그리고 약간 섭섭함을 느꼈던 김옥경 선배가 1루심도 보지 않겠다고 밝혀 박호성(작고)이 1루를 맡았다."

그렇다면 대통령과 관련된 발언을 해서 기관원들에 의해 끌려갔다는 이야기는 루머였을까? 그 부분에 대해서 김광철 심판은 다음과 같이 전했다.

"그리고 김옥경 선배는 개막 하루 전날 동대문구장 주변에서 술을 마시다가 '개막전에 전두환 대통령이 시구를 하는데 경호원 여러 명이 심판 복장을 하고 나오니 우습다'라고 말한 것이 기관에 보고되어 잡혀갔다. 대통령의 이름을 함부로(?) 떠들고 동정을 미리 외부에 알린 데다 경호실을 비난해 곤욕을 치른 것이다."

여기까지 우리가 모르던 개막전 경기에서 '심판 번호 1번'이 아닌 '심판 번호 2번'이 주심으로 세워진 배경이다. 군사쿠데타로 정권을 편취한 군사 정권하에서 발족한 한국프로야구, 화려한 한국프로야구의 개막식 이면에 숨겨진 아쉬움이 묻어나는 일화이다. 국민의 관심을 스포츠로 돌리기 위한 위정자의 술수, 지역 감정을 표출할 수 있는 최상의 상품 등 한국프로야구 출범 당시 입방아로 떠돌던 여러 가지 부정적 담론이 전혀 근거 없는 이야기가 아니라는 것을 증명하는 것 같아 씁쓸하다.

2) 출장 기록

프로야구 경기에 관련된 종사자(코치 제외)들은 모두 자신의 기록을 남긴다. 이 중에서 오로지 경기 출장 수만을 따지는 심판의 기록이 가장 간단하다. 하지만 이 간단한 기록이 간단하지 않은 의미를 갖는 것은 심판의 근속 연수랑 연결되기 때문이다. 프로야구 심판은 매년 재임용 대상이 된다. 그러므로 어떤 해에 제대로 임무를 수행하지 못하면 그 다음 해에 심판으로서 재계약은 성사되지 않는다. 그러므로 심판 데뷔 이래, 매해 꾸준히 경기에 출장한다는 것은 프로야구 심판으로서 큰 훈장과도 같은 의미이다.

역대 프로야구 심판의 출장 기록은 1,000경기, 1,500경기, 2,000경기, 2,500경기 등으로 구분한다. KBO리그의 시즌 경기 수를 감안하면 한 심판위원이 1,000경기를 소화하는데 약 10년의 기간이 소요된다. 그러므로 2,500경기에 출장한다는 것은 약 25년간 심판으로 재직했다는 의미이다.

KBO리그에서 2,500경기 출장을 기록한 심판위원은 총 3명이다. 2015년 임채섭 심판위원이 최초로 대기록을 달성했고, 뒤를 이어 나광남, 문승훈 심판위원이 그 영예를 안았다. 출장 경기수로만 따지면 KBO리그에서 역대 4번째로 2,500경기 출장 기록달성이 유력한 심판은 김풍기 심판인데, 그는 현재 KBO리그의 심판위원장을 맡고 있으므로 직접 경기에 출장하지 않는다. 그러므로 그의 출장 기록은 멈춰 있고 더 이상의 기록달성이 불가능하다. 그 다음으로 2,500경기 출장 기록달성이 유력한 심판위원은 김병주 심판이다. 김병주 팀장이 현역심판으로 계속 활동한다면 2020년에 2,500경기 출장이 가능할 것으로 예상된다. 2,000경기에 출장한 심판위원은 총 9명이다. 1999년 8월 18일 이규석 심판위원이 KBO리그 최초의 2,000경기 출장 기록을 세웠다. 당시 인터뷰에서 그는 2,500경기 출장 기록에 대한 강한 애착을 표명했으나 심판위원회 자체 내에서 여러 가지 내홍을 겪으며 2001년에 은퇴했다. 은퇴 당시 2,214경기 출장 기록을 세운 터라 주변 야구인들의 아쉬움은 매우 컸다. 야구계 내부에서는 역대 KBO리그 최고의 심판으로 이규석 심판위원을 꼽는데 주저하지 않는다.

가장 최근에 2,000경기 출장 기록을 세운 심판은 강광회이다. 그는 2018년 5월 23일 인천 SK 행복드림구장에서 2,000경기 출장 기록을 달성했다.

〈표 3-3〉 역대 프로야구 심판 출장 기록

이름	첫 경기 출장	1,000경기 출장	2,000경기 출장	2,500경기 출장
임채섭[3]	1991.4.5. 태평양 : LG(잠실)	2000.7.8. LG : 삼성(대구)	2010.5.16. 삼성 : 넥센(목동)	2015.8.1. LG : SK(행복드림)
나광남	1991.4.5. 태평양 : LG(잠실)	2003.5.28. 삼성 : 두산(잠실)	2012.8.28. 삼성 : 기아(군산)	2017.7.23. LG : 삼성(대구)
문승훈	1991.4.5. 태평양 : LG(잠실)	2004.6.10. 한화 : 롯데(사직)	2014.5.5. 롯데 : SK(문학)	2018.10.16. 기아 : 넥센(고척)
이규석[4]	1991.4.5. 태평양 : LG(잠실)	1991.6.8. 해태 : 롯데(부산)	1999.8.18. 한화 : LG(잠실)	2001년 은퇴 (2,214경기 출장)
오석환	1991.4.5. 태평양 : LG(잠실)	2000.10.9. 롯데 : SK(인천)	2009.9.1. 한화 : 두산(잠실)	2013년 은퇴
김풍기	1991.4.5. 태평양 : LG(잠실)	2005.6.6. 삼성 : 기아(무등)	2015.5.2. 두산 : 삼성(대구)	현)심판위원장
김병주	1991.4.5. 태평양 : LG(잠실)	2005.8.9. 기아 : 롯데(사직)	2015.6.25. LG : KT(수원)	
최수원	1991.4.5. 태평양 : LG(잠실)	2006.5.18. 롯데 : LG(잠실)	2016.5.6. SK : 삼성(대구)	
강광회	1991.4.5. 태평양 : LG(잠실)	2008.6.21. 두산 : 기아(무등)	2018.5.23. 넥센 : SK(행복드림)	

3 역대 첫 번째 2,500경기 출장
4 역대 첫 번째 2,000경기 출장. 1,000경기 출장은 오광소 심판에 이어 역대 두 번째이다.

III. 심판 수난사

1. 교체

1) 부상

사회인 야구 경기에서 타석에 들어선 후 제구가 안 된 투수의 공을 맞아 보면 야구공의 위력을 느끼게 된다. 사회인 야구 투수의 구속은 시속 80-90km/h 정도에 불과하다. 직구의 구속이 140km/h 이상을 기록하는 프로 야구 선수가 던진 공에 맞을 경우 그 위력은 상당할 것이다. 투수가 던진 위력적인 공의 위험에 노출되어 있는 것은 비단 타자뿐이 아니다.

그라운드에서 선수들과 함께 경기에 임하는 심판 역시 부상의 위험을 안고 있다. 경기에 임하는 4명의 심판 중에서 부상의 위험이 가장 큰 심판은 포수 뒤에 있는 구심이다. 이들은 안전을 위해서 마스크와 프로텍터를 비롯한 여러 가지 안전장구를 착용한다. 하지만 안전을 위한 보호 장비가 모든 부상을 방지해 주는 것은 아니다.

구심에게 가장 위협적인 부상은 타자가 친 파울 타구에 얼굴을 맞는 것이다. 이럴 경우 마스크 착용으로 인해서 그나마 단기적인 고통에 그치는 경우가 대부분이지만, 간혹 병원에 실려 가는 일도 발생한다. 실제로 심판의 부상으로 인해 프로야구 최초로 3심제로 경기가 진행된 경우도 있었다.

1998년 5월 13일 롯데와 LG의 잠실경기에서는 김호인 구심이 파울 타구에 어깨를 맞고 쓰러지는 바람에 3심제로 경기가 진행된 전무후무한 기록도 있다. 현재는 심판 1개 팀이 5명으로 구성되어 대기심이 있기 때문에 이런 일이 발생할 가능성은 거의 없다.

2) 탈진

기온이 30도를 넘나드는 한여름 삼복더위에 심판 보호 장비를 착용하고 구심으로 출장하여 한 경기를 치르면 심판들의 체중이 2kg 정도 감소한다고 한다. 이런 상황에서 심판들은 탈진으로 교체되기도 한다.

파울 타구로 인한 부상이 야구장 내부 환경(야구공)에 의한 부상이라면, 한여름 무더위는 야구장 외부 환경에 의한 고초이다.

2004년 8월 7일 광주 경기에서는 4회를 마친 후, 임채섭 구심이 탈진하여 최수원 2루심이 구심으로 들어왔다. 이날 광주의 최고 기온은 32.7도를 기록했다.

2016년 8월 9일 기아와 두산의 잠실경기에서는 4회초 기아의 공격에 앞서 김풍기 구심이 더위를 먹고 호흡 곤란 증세를 보였다. 이에 추평호 2루심이 구심으로 교체되었고 대기심이었던 원현식 심판이 2루심으로 들어왔다. 이날 서울의 최고 기온은 33.6도를 기록했다.

2. 강등

프로야구 선수들은 부상이나 컨디션 상황에 따라서 2군 행을 통보받기도 하고 2군에서 1군 엔트리에 진입하기도 한다. 심판 역시 선수들처럼 1군과 2군으로 나뉜다. 시즌 전 KBO 심판위원회는 자체 심사를 통하여 1, 2군 심판을 결정한다. 다만 선수와 심판의 차이가 있다면 선수들은 감독의 결정에 따라 1, 2군을 오가는 것이 유동적이지만 심판은 시즌 개막과 함께 1, 2군이 정해지면 대부분은 한 시즌 동안 이 결정이 지속된다는 점이다.

프로야구의 모든 경기에는 경기 감독관이 참관한다. 이들은 우천 시 경기 개최 여부를 결정하고 심판들의 판정을 지켜보면서 심판에 대한 인사고과를 매긴다. 경기에서 심각한 오심이 발생하면 해당 심판들의 업무고과 평점이 낮아지고, 이럴 경우 다음 시즌에는 2군으로 강등된다.

하지만 비디오 판독이 도입된 이후에는 애매한 심판 판정의 정정이 가능해져서 심각한 오심이 발생하는 상황이 많이 줄어들었다. 어쨌든 프로야구 심판으로서 1군에 머무르다 2군으로 강등되는 것은 심판으로서 큰 수모이다.

2005년에는 베테랑으로 알려진 두 심판이 연속적인 오심으로 인해 2군으로 강등되었다. K 심판은 3일 연속, I 심판은 17일 동안 2회의 명백한 오심을 범했다. 이에 당시 KBO의 박용오 총재는 상벌위원회를 개최하지 않고 총재 직권으로 I 심판을 2군으로 강등시켰다. 일련의 오심 사태에 대해 당시 김찬익 심판위원장은 책임을 지고 사의를 표하기에 이르렀다.

오심으로 인한 강등은 2013년에도 있었다. 6월 15일에 열린 넥센과 LG의 경기에서 P 심판(2루심)의 명백한 오심이 있었다. 넥센의 염경엽 감독과 이강철 수석코치가 강력하게 항의했지만, 판정은 번복되지 않았다. 다음 날 상벌위원회가 아닌 심판위원회가 자체 징계를 결정하고 P 심판을 2군으로 강등시켰다.

3. 심판 파벌설 [5]

2007년에는 사상 전례 없는 심판 파벌설로 KBO리그 전체가 시끄러웠다. 2005년 말, 오심 논란으로 인해 김찬익 심판위원장이 사임하면서 공석이 된 심판위원장 자리를 두고 김호인과 허운의 갈등이 시작되었다.

1) 김호인 vs 허운

김호인과 허운은 둘 다 삼미슈퍼스타즈의 창단 멤버인 원년 선수로 활약했다. 나이는 김호인이 허운보다 3년 연상이었다. 둘은 1987년에 함께 KBO 공채 심판위원 1기로 데뷔했다. 훗날 허운의 증언에 의하면 실제로 김호인과는 호형호제하는 매우 친한 사이였으며, 당시 심판들 사이에 파벌은 존재하지 않았고, 다만 매스컴의 선동으로 서로 오해가 있었을 뿐이라고 말했다. 과연 진짜로 그랬는지 되짚어 보자.

2) 상황 전개

심판위원장이라는 자리를 차지하기 위한 김호인과 허운의 갈등은 심판들이 원하는 심판위원장이냐, KBO가 원하는 심판위원장이냐에서 비롯되었다.

심판위원들 중 거의 최고참인 허운은 심판들의 연봉 인상과 복지 향상 등 심판 처우 개선을 주장하면서 일선 심판들의 지지를 받았다. 대부분의 심판은 허운을 신임 심판위원장으로 추대하기를 원했지만, 당시 KBO 이상국 사무총장은 연배가 많은 김호인을 심판위원장으로 임명했다. 이런 결정

---

5 나무 위키 참고

의 이면에는 허운보다 연배가 있는 김호인이 1년간 심판위원장을 지낸 후 후배들의 지지를 받는 허운이 그 자리를 이어받기로 한 구두 약속이 있었기 때문이었다.

하지만 몇 개월 후, 이상국의 후임으로 하일성이 사무총장으로 부임하면서 전임 이상국 총장이 공언했던 심판들과의 약속은 없던 일이 되었다. 오히려 신임 사무총장과 김호인 심판위원장은 심판진 개혁(차장직 신설 및 조장 교체)이라는 칼을 빼 들었다. 이에 심판들이 반발하며 개혁은 무산되었지만, 김호인 심판위원장은 심판진 개혁 반대의 최전방에 섰던 허운 팀장에게 팀장직 자진 사퇴를 종용했다. 허운이 이를 거부하자 김호인 심판위원장은 허운을 2군으로 강등시켰다.

개혁이라는 명분의 칼을 맞고 2군으로 강등된 심판은 허운뿐만이 아니었다. 김호인 심판위원장은 허운과 그를 따랐던 심판위원 7명에 대해서도 연봉 삭감 및 2군 강등이라는 징계를 내렸다. 김호인 위원장 체제에서 서열과 상관없이 승진하여 달콤한 열매를 맛본 심판들은 김호인파(派)로, 허운의 주장에 동조하며 굴욕을 맛본 심판들은 허운 파(派)로 자연스럽게 나누어져 심판 파벌을 형성하게 되었다.

3) 마무리

KBO는 원만하게 사태를 수습하고자 파벌 싸움을 중재하려 노력했지만 두 파벌의 앙금은 깊어만 갔다. KBO가 허운의 1군 복귀를 추진하면서 심판진의 내분을 수습하고자 했으나 이를 알게 된 김호인 측은 지속적으로 허운의 1군 복귀를 반대했고, 급기야 김호인 및 심판차장, 팀장들은 허운 복귀 반대를 위한 사퇴까지 선언했다. 결국, KBO는 김호인을 심판위원장에서 경질시키며 허운을 1군 심판으로 복귀시켰다.

1군으로 복귀한 허운은 자신에게 동조한 심판들만 징계를 당했다면서 불만을 표시했다. 여기서 그치지 않고 자신이 심판진에게 상당한 지지를 받고 있다며 KBO에 심판위원 인사권을 요구했다. KBO는 이런 돌출행동을 어이없어 하면서 1군 복귀 3일 만에 허운을 다시 2군으로 강등시켰다.

결국, KBO는 7월 20일 김호인과 허운을 모두 심판위원회에서 퇴출하면서 사건을 마무리했다. 이에 반발해 허운파(派) 심판들은 파업에 돌입하겠다고 선언했지만, 허운은 하루 만에 팬들을 생각해야 한다며 강경노선에서 전환하여 후배 심판들을 설득하는 모양새를 취했다. 프로야구 사상 초유의 사건으로 기록된 심판진 파벌 싸움은 이렇게 끝이 났다.

KBO리그의 제 6대 심판위원장이자 프로선수 출신의 첫 심판위원장이었던 김호인은 KBO리그 사상 최초로 시즌 중 경질된 심판위원장이라는 불명예를 안게 되었다.

4. 에피소드

1) '의지'의 표현? 혹은 실수?

심판이 예상치 못한 봉변을 당할 뻔한 상황이 발생했다. 2018년 4월 10일 대구 라이온스 파크에서 열린 두산과 삼성의 경기에서 였다. 7회초 양의지 타석에서 삼성 투수 임현준이 던진 초구에 정종수 구심이 스트라이크를 선언하자 양의지는 황당하다는 표정을 지었다.

TV 중계화면의 투구 존(PITCH ZONE)을 보면 공이 스트라이크 존에서 한참 빠진 것은 맞다. 이후 양의지는 화가 났는지 볼카운트 2스트라이크 2볼에서 바깥쪽으로 한참 빠진 공에 타격의 의지가 없는 듯 힘없는 헛스윙을 하면서 삼진아웃을 당했다.

7회말 삼성 공격 때, 두산의 바뀐 투수 곽빈이 몸을 푸는 연습 투구 과정에서 포수 양의지는 일부러 공을 받지 않는 듯했고, 정종수 구심은 깜짝 놀라 다리를 들며 공을 피했다. 이후 묘한 기류가 감지되었다.

더그아웃에서 이를 지켜보던 두산 김태형 감독은 양의지를 불렀다. 방송 카메라에 잡힌 김태형 감독과 양의지의 장면은 흡사 고등학교 야구선수가 감독에게 혼나는 모습 같았다. 말로만 듣던 김태형 감독의 카리스마가 그대로 표출된 장면이었다.

당일 경기 감독관은 KBO에 사건 경위서를 제출했다. 다음 날 KBO는 상벌위원회를 열어 양의지의 징계 수위를 확정했다. 상벌위원회는 고의성 여부를 떠나 그라운드에서 일어나지 말아야 할 상황이 발생했으니 양의지에게 KBO리그 벌칙 내규 7항에 의거해 제재를 부과했다고 밝혔다. 벌칙 내규 7항은 '코치가 심판 판정에 불복해 폭행, 폭언 등으로 구장 질서를 문란케 했을 때' 받는 처분이다. 양의지는 벌금 300만 원에 유소년 야구 봉사 80시간의 징계 처분을 받았다.

2) 김응용 감독의 퇴장 기록, 그 이면의 한 축

김응용 감독은 KBO리그의 감독들 중에 최다 퇴장 기록(6회)을 갖고 있다. 그래서인지 김응용 감독이 경기 중에 퇴장 당한 사건은 그리 큰 이슈가 아니다. 다만, 김응용 감독 밑에서 선수 생활을 했던 어떤 선수가 '나중에 내가 심판이 되면 언젠가 김응용 감독을 퇴장시켜야겠다'라고 생각했고 그 다짐을 실행에 옮겼다면 이슈가 될 만한 이야기이다.

해태 타이거즈에서 OB 베어스로 트레이드된 어떤 선수가 일본으로 전지훈련을 갔을 때의 이야기이다. 그 당시는 지금처럼 2인 1실로 호텔방을 쓰는 것이 아니라 일본의 전통 바닥재인 다다미방에서 여러 선수가 함께 숙박하던 시절이었다.

이 선수가 자고 일어나서 훈련에 나간 후 OB 베어스의 구단 직원들이 숙소를 정리하는데, 이 선수의 베개 밑에서 쪽지 하나가 나왔다. 그 쪽지에는 "김응용 감독 퇴장!"이라고 쓰여 있었다. 해태 시절 김응용 감독한테 어떤 원한이 있었는지는 모르겠으나 마음속으로 복수를 다짐하고 있었던 것 같다.

이 선수는 1987년 실제로 심판위원이 되었고 나중에는 심판위원장을 지냈다. 그리고 선수 시절 자신의 바람대로 심판이 되어 김응용 감독을 퇴장시킨 적이 있다. 프로야구 심판이 되어 자신의 꿈을 이룬 것이다.

IV. 오심 논란

1. 실수인가, 실력인가?

1) 심판도 인간

KBO리그의 역대 심판 중 최고 심판으로 인정받았던 이규석 심판은 "완벽하게 심판을 본 시합이 없다"라는 명언을 남겼다. 지나친 겸손이 묻어나는 회고이지만, 심판이라는 자리가 그만큼 어렵다는 것을 은연중에 나타낸 고백이기도 하다.

프로야구 오심 논란이 비단 한국에서만 발생하는 것은 아니다. 야구 선진국인 미국과 일본에서도 동일한 논란은 발생한다. 다만, MLB에서는 '심판이 제대로 된 규칙을 적용하는가?'에 초점을 맞춘다면, KBO는 '매번 정확한 판정을 했는가?'에 초점을 맞춘다는 차이가 있다. 물론 심판이라면 후자의 잣대로 그들의 능력을 판단하는 것이 옳다. 게다가 심판의 판정 하나가 승패를 가르는 상황이라면 더욱 그렇다. 하지만 심판도 인간이기에 실수할 수 있다는 것을 팬들도 일정 부분은 받아들여야 한다.

TV 중계 기술의 발전은 야구팬들을 즐겁게 해 주지만 심판들을 더욱 곤혹스럽게 만든다. 야구 경기 중 승패에 영향을 줄 만한 굵직한 오심이 한 번 발생하면, 야구팬들이 모이는 사이트나 관련 기사의 댓글에는 그 심판에 대한 역대급 성토가 이루어진다. 관련 내용을 해당 심판이 접한다면 많은 상처를 받을 것 같다.

심판은 구조적으로 팬층이 형성될 수 없는 외로운 직업군이다. 직업 특성상 외로운 운명임을 인정하고 스스로 위로하는 것이 심판의 스트레스를 없애는 가장 좋은 치유제인지도 모른다.

오심 논란이 일 때마다 심판의 자질 문제가 거론된다. 2008년 이광환 감독은 KBO리그 심판들의 자질이 떨어진다면서 MLB 심판제도의 도입을 주장했다. MLB 심판들은 10년에서 12년 정도 마이너리그에서 심판을 경험한 후에 메이저리그로 승격된다.

현재 KBO리그의 심판들은 2군에서 500경기 정도를 소화해야 1군으로 승격할 수 있는 자격을 얻는다. 이광환 감독의 주장대로라면 KBO리그의 심판들도 2군에서 1,000-1,200경기 정도를 경험한 후에 1군 심판으로 승격되는 구조로 바꿔야 한다. KBO리그의 1군 심판은 한 시즌 동안 통상 72경기 정도를 소화한다.

이광환 감독의 주장대로 마이너리그에서 1,000-1,200경기를 소화한 후에 MLB로 승격된 심판들은 오심 논란에서 자유로운가? 정답은 그렇지 않다. MLB의 심판들 역시 오심 논란에서 자유롭지 않다.

MLB의 심판 중에 가장 신뢰받는 심판인 '짐 조이스'(James Alfred Jim Joyce III)는 2010년 6월 3일 역사적인 오심을 남겼다. 디트로이트 타이거스(Detroit Tigers)와 클리블랜드 인디언스(Cleveland Indians)의 경기에서 디트로이트의 '아르만도 갈라라가'(Armando Galarraga)가 달성할 뻔했던 퍼펙트게임(perfect game)[6]을 앗아가 버렸다. 당시 1루심이던 짐 조이스는 9회 2사 후 1루 평범한 땅볼 처리를 세이프로 선언했다. 이는 누가 보아도 명백한 오심이었다. 경기 후 조이스는 자신의 판정이 잘못된 것을

---

6 선발 투수가 1회부터 경기가 끝날 때까지 상대편 타자를 한 명도 1루에 내보내지 않은 경기

인정하며 갈라라가에게 사과했다. 디트로이트 팬들은 물론 당시 오바마 대통령까지 나서서 판정 번복을 요구했으나 오심은 끝내 번복되지 않았다. 다만 사과가 있었을 뿐이다.

2) 오심의 대가(代價), 출장 정지

KBO리그의 심판들이 오심을 범할 경우, 그 경중에 따라 출장 정지라는 징계를 받는다. 대부분은 10경기 미만의 출장 정지 처분을 받지만, 중징계를 받는 경우도 있다.

2008년 5월 31일, 대구에서 열린 SK와 삼성의 경기 도중 6회초 SK 공격 때 2루수 신명철과 2루로 향하던 1루 주자 박재홍이 충돌했다. W 2루심은 인플레이 상황으로 판단해 세이프를 선언했다. 이에 대해 삼성의 선동열 감독이 항의하자, 4심 합의 끝에 주자인 박재홍의 수비 방해가 인정되면서 공수교대가 되었다. 그러자 이번에는 SK의 김성근 감독이 나와서 판정을 왜 번복하느냐며 선수들을 철수시켰다. 경기 후 W 2루심에게는 오심으로 인한 판정 번복과 선수단 철수 사태 빌미 제공의 책임을 물어 20경기 출장 정지라는 중징계가 내려졌다. 20경기 출장 정지라는 징계도, 4심 합의를 통한 판정 번복도 프로야구에서 흔히 발생하는 일은 아니었다.

2009년 9월 1일 한화와 두산의 잠실경기에서 1회초 3루심이었던 M 심판은 오심을 범했다. 이튿날인 9월 2일, 한화와 두산의 잠실경기에서 M 심판은 2루심으로 출전했다. 10회말 1사 1루 상황에서 두산의 이종욱이 친 투수 앞 땅볼을 한화의 투수인 브래드 토마스가 잡아 2루수 이여상에게 송

구했는데, 이여상은 공을 잡았다 놓쳤다. TV 화면으로 확인한 결과 이여
상이 2루 베이스를 찍고 난 이후에 공을 놓쳤다. 하지만 M 심판은 이를 세
이프로 선언하였다. 이틀 연속 오심을 범한 것이다. 한화의 김인식 감독이
이에 대해 항의했지만 받아들여지지 않았고 한화는 끝내기 안타를 맞고 역
전패했다.

결국, 9월 3일, 이틀 연속 오심을 저지른 책임을 물어 KBO는 M 심판에
게 1군 잔여 경기 출장 정지라는 중징계를 내렸다. M 심판은 2010년 다시
1군에 복귀했지만 2010시즌 이후 면직되었다.

2. 비디오 판독

1) 도입

메이저리그(MLB)는 2008년부터 타구의 홈런 여부를 가리기 위한 비디
오 판독을 도입했다. 이 영향을 받은 탓인지 KBO리그에서도 2009년부터
비디오 판독을 도입했다. 판독 대상은 MLB처럼 홈런 타구에만 국한했다.

홈런이냐 파울이냐의 여부에 대해 심판의 판정을 믿지 못할 경우 이의를
제기하는 팀이 있으면 이 타구는 판독 대상이 된다. TV 중계의 느린 화면을
통해서 홈런 여부를 판단하게 된다.

비디오 판독이 효과적이라고 생각했는지 2013년부터 MLB는 홈런 타구
뿐 아니라 타구의 파울, 페어 여부에 대한 비디오 판독도 도입했다. 하지만
여전히 타자의 스트라이크, 볼 판정과 주자의 아웃, 세이프 여부에 대해서
는 심판의 고유 권한으로 인정하여 비디오 판독을 도입하지 않았다.

심판의 고유 권한 존중 외에도 모든 판정에 대해서 비디오 판독을 도입할 경우 경기의 흐름이 끊긴다는 논리를 내세웠다. 하지만 경기의 흐름이 끊기는 것과 정확한 판정을 내리는 것 중 어떤 것이 선수와 팬들에게 더 큰 효용이 있는지는 다시 한번 생각해 볼 문제다.

2014년 하반기부터 KBO리그에서는 비디오 판독 대상을 홈런 타구뿐 아니라 아웃, 세이프 등으로 그 영역을 확대하였다.

조금 더 정확하게 구분하면 2014년 하반기부터 2016시즌까지 도입된 영상판독 제도는 '심판 합의 판정제'이다. 심판의 판정에 대해 불복하는 팀의 감독이 이의를 제기하면 4심이 경기장의 심판실에 모여서 TV 중계방송의 느린 화면을 보면서 정확한 판정을 내리는 것이었다. 그러므로 TV 중계를 하지 않을 때는 '심판 합의 판정제'를 사용할 수 없다.

실제로 2016년 10월 9일 마산에서 열린 KT와 NC의 마지막 경기는 중계방송이 이루어지지 않아 '심판 합의 판정제'가 없었다. 이런 미흡한 부분을 보완하고자 KBO가 2017년부터 도입한 제도가 '비디오 판독'이다. 즉, 2017년 이전까지 실시한 영상판독은 정확하게 말해 비디오 판독 제도가 아니었다.

2017 시즌 전, KBO는 10개 구단 홈구장 9곳[7]에 3대의 카메라를 설치했다. KBO의 카메라 3대와 방송사 중계 카메라 6~7대에서 전송되는 총 10개의 화면이 상암동에 위치한 KBO 비디오 판독센터에 송출되면 3명(센터장 포함)이 이를 면밀히 분석하여 비디오 판독을 요청한 구장의 심판진에게 판독 결과를 보내는 구조이다.

---

7 잠실구장은 두산, LG 공동 사용하고 울산, 청주 등 제2구장에는 미설치.

비디오 판독은 심판의 판정 선언 이후 30초 이내에 요청해야 한다. 30초가 지나면 해당 판정에 대해서는 비디오 판독을 제기할 수 없다. 이닝이 종료되는 경우도 10초 이내에 비디오 판독을 요청해야 한다.

한 팀당 비디오 판독을 요청할 수 있는 횟수는 2회였지만, 2018 시즌 하반기부터는 경기가 연장전으로 이어질 경우 1회를 추가할 수 있다.

2) 역할

비디오 판독 도입 이후 심판의 판정이 번복되었을 때, 심판들이 느끼는 심적인 압박은 실로 대단하다고 한다. 심적인 부담감 외에도 원심이 번복되어 오심으로 판정될 경우 인사고과에 반영되기 때문이다. 그러나 비디오 판독이 심판에게 큰 압박감을 주는 단점만 있는 것은 아니다.

모 심판팀장은 언론과의 인터뷰에서 비디오 판독 도입 이후 야구팬들과 언론기사로부터 욕먹는 부분이 줄어든 것은 심판으로서 긍정적인 부분이고, 전반적으로 심판 판정에 대한 불신이 줄어든 것도 장점이라고 밝혔다.

비디오 판독 도입 이전에 심판의 공정성 문제가 언급될 때마다 대두된 이야기는 외국인 심판 도입이다. 국내 야구와 연고가 없는 외국인 심판이 도입되면 심판 판정이 더 객관적일 수 있겠다는 차원에서 나온 이야기이다. 하지만 이는 현실성과 효용성 모두 채워 줄 수 없는 발상이다.

현실성 측면에서는 KBO리그의 심판 처우 부분을 생각할 때, 양질의 심판이 KBO리그에 유입될 가능성은 매우 낮아 보인다. 효용성 측면에서는 심판 판정에서 오심의 문제는 심판들이 어떤 목적을 가지고 범하는 경우라

기보다는 순간적인 판단 착오로 인해 오심을 범하는 경우가 많기 때문에 외국인 심판이 도입되더라도 이런 부분이 완전히 해소되기는 어렵다.

그렇다면 외국인 심판 도입과 관련된 이야기는 언제 왜 나왔을까? 그 진원지는 2007년 심판위원장 자리를 두고 벌어진 김호인과 허운의 파벌 싸움의 시기로 거슬러 올라간다. 당시 심판들은 KBO에 경기의 심판 참가 거부도 불사하겠다는 으름장을 놓았다. 그때 KBO 사무총장이던 하일성은 언론과의 인터뷰에서 만일 심판들이 프로야구 경기를 보이콧하면 외국인 심판의 도입도 고려할 수 있다고 말했다. 그러나 KBO는 공식적으로 프로야구의 외국인 심판 도입을 논의한 적이 없다고 밝혔다.

3. 심판 처우와 매수설

1) 심판 처우 [8]

프로야구 심판은 전년도의 평가 결과에 따라 매년 새롭게 연봉 계약을 한다. 심판들은 연봉제로 계약하기 때문에 언장전이나 연속 경기를 하더라도 추가 수당은 없다. 다만, 베테랑 심판들이 주로 출전하는 포스트시즌에서는 경기 수당을 추가로 지급한다.

심판의 정년은 만 60세이지만 정년을 다 채우고 퇴직한 심판은 없다. 심판의 복리후생으로는 자녀학자금 지급, 건강검진, 출장비 등이 있다.

프로야구 심판은 2군부터 시작한다. 2군 심판의 초임은 2,000만 원(연봉) 선이다. 2군에서 5년차가 되면 1군 리그에 진출할 수 있는 자격이 주어진다.

---

8 KBO 심판위원회에서 공식적으로 확인해 준 내용은 아니며, 언론기사와 야구인들(KBO 관계자 포함)에게 귀동냥한 내용을 종합한 것이다.

1군 심판으로 진입하면 초임이 3,000만 원 선이다. 심판팀장들을 맡고 있는 베테랑들은 1억 원대 초반의 연봉을 받는다. 프로야구 1군 심판의 평균 연봉은 6,000~7,000만 원선이다.

KBO리그 최초 억대 연봉 심판의 영예를 안은 이는 조종규 심판위원이었다. 1987년 프로선수 출신 '공채 1기' 심판으로 데뷔한 그는 20년 만인 2007년에 억대 연봉에 등극했다. 그에 의하면 1987년 데뷔 당시 첫 월급은 30만 원이었다. 그는 억대 연봉 심판 등극 이듬해인 2008년부터 2014년 2월까지 KBO의 제7대 심판위원장을 역임했다.

MLB 심판들의 연봉은 8~15만 달러(약 8,800~1억 6,500만 원) 수준이다. NPB(일본 프로야구) 심판들의 평균 연봉은 1,000만 엔(약 1억 원)이다. 게다가 구심은 3만 5천 엔(약 35만 원), 누심은 24,000엔(약 24만 원)의 경기당 출전 수당을 따로 받고 있다. 미국과 일본 프로야구 모두 한국프로야구보다 시장 규모가 큰 것을 고려하면 심판에 대한 처우는 세 나라가 비슷한 것으로 추정된다.

국내의 다른 프로스포츠 종목 심판들의 처우는 어떨까? 프로축구 심판들은 기본급 없이 경기당 수당의 개념으로 보수를 지급받는다. 프로축구 1군 리그인 '클래식' 리그에서 주심은 경기당 200만 원, 부심은 100만 원, 대기심은 50만 원을 지급받는다.[9] 2군 리그인 '챌린지' 리그의 심판 수당은 클래식 리그의 50%이다. 여기에 지방 이동에 따른 교통비는 실비로 지원한다.

2016년 한 해 동안 프로축구 심판 중에 가장 많은 수당을 받은 심판은 총 27경기[10]에 출장해 5,750만 원을 받은 것으로 나타났다. 의미 없는 평균이

---

9 2016년 기준
10 프로축구팀은 한 해에 총 38경기를 치른다.

긴 하지만 이를 단순히 나눠 보면 경기당 213만 원 정도의 수당을 받은 셈이다. 가장 적은 수당을 받은 심판은 18경기에 출장하여 2,600만 원을 수령했다. 경기당 수당은 약 144만 원 정도인 셈이다.

프로야구는 한 시즌에 팀당 144경기를 치른다. 그러므로 심판들이 출장하는 경기는 72경기이다. 팀장급 연봉이 약 1억 원이므로 이를 72경기로 나누어 보면 팀장급은 경기당 139만 원 정도를 수령한 셈이다.

종목에 따른 심판들의 노동 강도, 스트레스 등을 고려할 때 어느 종목의 심판이 더 좋은 처우를 받는다고 단정할 수는 없다.

심판의 처우가 개선되면 더 양질의 판정이 나올 수 있을까? 잘하는 사람에게 돈을 많이 주는 것이 아니라 돈을 많이 주면 잘하는 사람을 끌어들일수 있다는 경제학의 이론이 있다. '효율성 임금 이론'이다. 이 이론은 대기업 직원의 연봉이 왜 중소기업보다 많은지, 돈을 많이 받으면 왜 부정부패가 사라지는지에 대한 설명들을 담고 있다.

2) 효율성 임금 이론(Efficiency wage theory)

전통적인 경제학에서 임금을 결정하는 방법은 "노동자의 한계 생산이 기업의 한계 수입과…"라고 정의하는데, 이를 단순하게 말하면 생산성이 좋은 사람은 임금이 높다는 것이다.

상식적으로 어떤 공장에서 하루에 인형을 10개 만드는 사람과 20개 만드는 사람은 2배의 임금 차이가 나야 한다. 즉, '일 잘하는 사람에게 월급을 많이 준다'는 것이다. 이와 반대되는 이론은 '월급을 많이 주면 사람들이 일을 잘하게 된다'는 것이다. 즉, 임금이 생산성을 결정하게 된다는 내용인데 이를 '효율성 임금 이론'(Efficiency wage theory)이라고 한다. 몇 해 전만 해도 '효율성 임금 가설'(Efficiency wage hypothesis)이라고 했는데 이제는 이론으로 확립되었다.

효율성 임금 이론을 최초로 제기한 사람은 스티글리츠(Joseph E. Stiglitz) 였다. 그는 1984년에 발표한 "Equilibrium Unemployment as a Worker Discipline Device"라는 논문에서 왜 시장이 균형에 도달해도 실업이 발생하는지, 왜 구직자들끼리 경쟁해도 임금이 떨어지지 않는지에 대해 주장하면서 새로운 임금 분석의 틀을 제시했다.

효율성 임금 이론은 정보의 비대칭성을 다룬 정보경제학의 연장선상이라고 할 수 있다. 그중 도덕적 해이에 기반을 둔 '근무 태만 이론'과 역선택에 기반을 둔 '역선택 방지 이론'이 많이 쓰인다. 여기서는 '근무 태만 이론'을 소개하기로 한다.[11]

근무 태만 이론은 높은 임금이 근로자 스스로를 감시하는 '감시비용' (monitoring cost)의 역할을 수행하기 때문에 근로자들이 태업을 하지 못한다는 내용이다.

요즘 가장 인기 있는 직업인 공무원의 예를 들어보자. 공무원이 인기 직업이 된 것은 정년 보장, 정시 출퇴근, 공무원 연금 등의 혜택이 있기 때문이다. 또한, 아주 오래전과 달리 공무원들의 보수 체계가 현실화되어 일정 근무 연수가 지나면 대기업 종사자와 공무원의 보수도 크게 차이 나지 않는다.

공무원은 '갑' 중의 '갑'이다. 각종 인허가 관련 권한을 갖고 있기 때문이

---

11 역선택 방지 이론은 '프로야구 FA 제도'에서 더 자세히 설명했다.

다. 그러므로 공무원들은 다른 일반 직업보다 부정청탁에 연루될 가능성이 높은 직업이다. 그런데 공무원들이 부정청탁의 유혹에 연계되면 그로 인한 사회적 비용이 매우 크게 나타난다. 이를 방지하기 위해 공무원들의 처우를 개선하는 대신 비위행위가 적발될 경우 파면, 해임 등의 중징계를 내린다.

공무원이 파면되면 공무원 연금을 받을 수 없다. 공무원들에게는 엄청난 손해의 산물이다. 그렇기 때문에 요즘 공무원들은 대부분 부정행위와 결탁하지 않는다. 다만, 부정행위와 결탁했을 경우의 편익이 현재 및 미래에 공무원으로서 누릴 수 있는 혜택보다 크다면 부정에 연루될 가능성도 있다. 이런 측면에서 볼 때, '부정(不正)을 부정(否定)할 수 있는' 방법이 효율성 임금 이론이다.

요즘 대한민국에서 가장 뜨거운 이슈가 되고 있는 일자리 문제, 그중에서도 '일자리 미스매치'의 문제 역시 '효율성 임금 이론'과 연계된다. '일자리 미스매치'란, 기업(중소)에서는 근로자를 못 구하고 구직자들은 일자리(대기업)를 구하지 못해서 나타나는 현상이다.

이 현상은 왜 발생하는가? 젊은 구직자들은 복리 후생, 직장에 대한 자긍심, 미래에 대한 자아발전 등의 이유로 대기업을 선호한다. 무엇보다도 대기업을 선호하는 궁극적인 이유는 임금이다. 임금이 높은 직장은 복리후생도 잘되어 있고 이에 따라 자긍심 고취도 덤으로 따라오게 된다. 그러므로 구직자들은 모두 대기업을 선호하고, 그로 인해 중소기업에서는 일할 사람을 구하기 어렵게 된다.

그렇다면 대기업과 중소기업의 임금 격차는 언제부터 이렇게 커졌을까?

1993년 삼성의 이건희 회장은 '신경영'을 주창했다. 신경영의 주요 핵심 골자는 '핵심 인재 경영'이었다. 좋은 인재를 영입하여 회사의 미래를 창출한다는 내용이다.

당시 이건희 회장은 "마누라 자식 빼고 다 바꿔라"라며 혁신을 강조했다. 그 당시 삼성맨들 사이에서는 우스갯소리로 "마누라도 바꾸라고 하시지…"라며 아쉬움을 표했다는 이야기도 전해진다.

삼성은 신경영 선포 이후 인재를 영입하기 위해 큰 폭으로 임금 인상을 단행했다. 그로 인해 인재들이 삼성으로 몰렸고, 이를 지켜만 볼 수 없었던 유사 대기업들도 삼성과 비슷한 수준으로 임금을 인상했다. 물론 이것이 임금 격차 원인의 전부는 아니지만, 이때부터 대기업과 중소기업의 임금 격차가 커지기 시작했다. 이렇듯 효율성 임금 이론은 우리의 삶 속에 알게 모르게 녹아들어 있다.

3) 심판제도의 개선 방안

앞서 말했듯이 심판도 인간이기에 오심을 범할 수 있다. 하지만 오심 논란에 대해서 이제는 리그 차원에서 조금 더 구체적이면서도 누구나 납득할 수 있는 실질적인 대안이 필요하다.

현재 KBO에서도 자체적으로 오심을 줄이기 위해 다각적인 노력을 시행하고 있다. 그 노력의 방법은 주로 사후 징계이다. 하지만 사후 징계만으로는 안 된다. 인센티브를 활용한 적절한 지원제도가 뒷받침되어야 한다.

앞서 언급했던 MLB의 명심판인 짐 조이스처럼 KBO리그의 심판들도 실수로 오심을 범했을 때, 경기 후에 오심으로 인해 손해 본 경기 주체를 찾아가서 사과하는지는 모르겠다. 만일 실수를 인정하고 사과한다면 KBO리그의 심판들에게 박수를 보내고 싶다. 하지만 그렇지 않다면 심판들도 그런 용기를 낼 필요가 있다고 제안하고 싶다. 그런 과정이 있다면 오심의 피해를 본 구단 관계자들과 팬들의 마음도 풀릴 수 있을 것이다.

이쯤에서 궁금한 것이 하나 생긴다.

'오심도 경기의 일부'라는 헛소리는 누가 처음 했을까?

4장

프로야구의 안방 배달부,
중계진

Ⅰ. 프로야구 중계

1. 중계진의 필요성

야구장에 찾아가서 직접 경기를 관람할 때의 현장감은 일품이다. 한 번 야구장을 찾았던 사람은 그 매력에 빠져서 계속 야구장을 찾게 된다. 체계화된 응원 문화와 회가 바뀔 때마다 실시하는 관객 이벤트 등은 야구장으로 팬들을 유인하는 유용한 자원이다.

하지만 직관의 단점도 있다. 가장 큰 단점은 지나간 상황을 다시 볼 수 없다는 점이다. 반면, TV중계는 지나간 상황을 느린 화면으로 다시 보여 준다. 야구장 현장 직관에서는 누릴 수 없는 장점이다. 또 하나는 경기가 중단되면 TV중계에서는 중단 사유와 진행 과정 등을 자세하게 설명해 주는데 현장에서는 그런 설명이 없기 때문에 경기가 중단되면 관객들은 그 이유를 몰라서 어리둥절하게 된다는 점이다. 그래서 직접 야구장을 찾는 것보다 TV로 야구중계를 시청하는 것이 더 좋다는 사람들도 있다.

TV 야구중계는 1명의 캐스터와 1명 이상의 해설위원들이 함께한다. 예전에는 캐스터 1명과 해설위원 1명이 경기를 중계했는데, 지금은 해설위원들의 다양한 설명을 듣기 위해 2명의 해설위원이 함께 투입되기도 한다. 이는 야구팬들의 수준 향상에 따른 방송중계의 질적 제고를 위한 결정이라 하겠다.

야구중계에서 캐스터는 야구 중계의 전반을 지휘하며 시청자들이 해당 경기의 상황을 쉽게 이해할 수 있도록 경기의 흐름을 읽어 주는 역할을 한다. 해설위원은 야구 경기 중에 발생하는 세부적인 상황을 심도 있게 설명하는 역할을 한다. 그러므로 해설위원들은 주로 그라운드에서 야구 경기를 많이 경험했던 선수 출신들이 맡는다.

프로야구 중계진은 투수가 던진 구질, 선수들의 부상 및 컨디션 상황, 작전의 유무 등 시청자들이 야구 경기를 즐기는 데 꼭 필요한 부분을 자세하게 설명해 주는 역할을 한다. 이를 위해 해설위원들은 경기 전에 감독, 선수들을 만나면서 가벼운 인터뷰를 진행하고 이를 토대로 많은 이야기들을 들려준다. 프로야구 중계진은 한 편의 프로야구 경기를 완성하는 값진 양념 역할을 수행하는 소중한 존재이다.

뜬금없이 슬로 티비(slow TV) 이야기를 해 본다. 슬로 티비는 2009년부터 노르웨이의 공영방송인 NRK에서 개척한 TV 프로그램 장르이다. 프로그램의 특별한 구성이나 내용은 없다. 제목도 딱히 없다. 그냥 "○○ 프로그램"이라고 하는 식이다.

화제가 되었던 기차프로그램은 베르겐(Bergen)을 출발하여 오슬로(Oslo)로 가는 기차 앞부분에 카메라를 고정시킨 후, 달리는 기차가 촬영하는 그대로의 장면을 여과 없이 방영한다. 기차가 달리는 7시간 동안 일체의 해설, 자막, 영상편집 없이 카메라가 찍은 장면을 그냥 내보낸다. 기차가 달린 거리는 총 520km이다. 놀라운 것은 별다른 내용 없는 이 프로그램의 시청률이 20%를 넘었다는 점이다.

NRK는 기차프로그램에 대한 시청자들의 반응이 뜨겁게 나타나자 그 후

속작으로 뜨개질(8시간), 장작 태우기(12시간), 연어의 산란 여행(18시간) 등 유사 프로그램을 제작하여 방영했다. 기대하지도 않았던 시청률 대박에 NRK는 현대인들이 방송을 통해 무엇을 원하는지 알게 되었다.

과거 TV는 정보전달의 도구로써 인류 문명 최고의 산물이라고 추앙받았던 시절이 있었다. 온 동네에 하나뿐인 흑백 TV를 구경하려 몰려드는 마을 사람들을 대상으로 TV 소유주는 각종 갑질을 일삼기도 했다. 이제는 흑백 TV 시절과 비교도 할 수 없는 총천연색 60인치 TV가 있어도 TV에 대한 집중도는 예전보다 오히려 떨어진다. TV의 역할이 바뀌었기 때문이다. 이제 TV는 프로그램 방영 내용과 상관없이 켜놓는 자체로 현대인에게 뇌의 휴식을 제공하는 수단이 되었다.

유현준 교수의 저서 《도시는 무엇으로 사는가》에서는 현대사회에서 TV의 역할을 새롭게 해석한다.

선사시대 사람들은 동굴 안에서 살았다. 최초의 집인 동굴에서 집의 중심은 모닥불이었다. 당시 모닥불은 3가지 역할을 했다.

첫째, 사냥한 먹거리를 익히는 역할이다. 음식을 불에 익혀 먹기 시작한 이후로 신체 장기의 소화 부담이 덜어지면서 인간의 수명은 길어졌다. 가히 불의 혁명이다.

둘째, 난방의 역할이다. 동굴 한가운데에 피운 불은 사방으로 온기가 퍼져나가면서 사람들의 체온을 지켜 주는 중요한 역할을 했다. 모닥불이 없던 시절보다 저체온증으로 사망하는 사람은 확연히 줄어들었을 것이다.

셋째, 뇌의 휴식 역할이다. 어두운 밤에 불가에 모여 앉은 사람들은 불을 바라보며 하루에 대한 휴식을 취했다. 뇌의 휴식이다. 그리고 오늘 놓친 멧돼지를 내일 만나면 꼭 잡아야겠다는 등 자기반성의 시간을 가졌다.

선사시대 동굴안의 모닥불은 현대사회에 이르러서 그 기능을 나누어 개별 도구로 진화했다. 먹거리를 익히는 불은 가스레인지로 진화했다. 불의 세기 조절도 가능해졌고, 동시에 여러 가지 음식을 익힐 수도 있게 되었다. 난방 역할의 불은 보일러로 진화했다. 거꾸로 타기도 하고 아버님 댁에 놓아 드려야 할 것 같기도 하고 지구를 구하기도 하는 보일러로 진화했다. 또한 뇌의 휴식처를 제공했던 불은 TV로 진화했다.

그런 의미에서 'TV 야구중계도 복잡한 현대인이 원하는 뇌의 휴식에 맞춰 보면 어떨까' 하는 생각을 해 본다. 해설이나 자막 없이 그냥 야구 장면만 주구장창 내보내는 그런 중계방송 말이다. 이런 방송이 실제로 이루어진다면 프로야구 중계진의 일자리가 없어질 수 있겠지만 호불호가 나뉘는 시청자들의 반응이 궁금하긴 하다.

2. 야구 중계의 역사

전 세계 최초의 야구 중계방송은 뉴욕 양키스(New York Yankees)와 뉴욕 자이언츠[1]의 경기가 펼쳐진 1921년 월드시리즈였다. 제 1회 월드시리즈(1903년 10월)를 치른 이후 18년 만의 일이었다. 이 영광스러운 방송의 중계 아나운서는 '토미 카원'(Tommy Cowan)이었다.

1927년 시카고 컵스(Chicago Cubs)는 메이저리그(MLB) 최초로 팀의

---

1 샌프란시스코 자이언츠의 전신

전 게임 방송 중계를 허용했다. 하지만 1929년 아메리칸 리그 구단주들은 회의 끝에 MLB경기의 라디오 중계를 전면 금지한다는 결정을 내렸다. 야구 경기를 라디오로 중계하면 팬들이 야구장을 직접 찾지 않고 라디오로 경기를 듣기 때문에 구단의 수입이 감소한다고 생각했기 때문이다.

MLB경기의 TV중계가 시작된 것은 1939년 8월이었다. 월드시리즈는 1947년이 되어서야 TV로 볼 수 있었다. TV로 중계된 최초의 월드시리즈는 뉴욕 양키스와 브루클린 다저스의 경기였다.

한국 최초의 야구 해설자는 손희준이다. 그는 3.1운동의 주역이자 독립운동가인 손병희 선생의 손자로도 잘 알려진 인물이다.

그는 운동신경이 뛰어나서 국가대표 농구선수로 뛰기도 하고, 1946년 8월 경성운동장에서 열린 해방 1주년 기념 '조미 친선 야구대회'에서는 조선 대표팀의 유격수로 출전했다. 1955년 7월 열린 대만과의 친선 야구 경기에서는 국가대표팀 감독으로도 활약하는 등 선수뿐 아니라 지도자의 경험도 갖췄다. 1964년 동아방송(DBS)은 손희준을 전면에 내세우며 우리나라 최초의 야구 중계방송을 송출했다. 라디오의 특성상 경기를 눈으로 볼 수 없는 청취자들을 고려하다 보니 캐스터들은 경기 진행상황을 일일이 묘사하느라 말을 빠르게 할 수밖에 없었다. 그러다 보니 자연스럽게 야구 중계의 주도권은 캐스터가 쥐고 있었다. 해설위원의 역할은 캐스터의 질문에 짧나는 대로 간단한 답변을 하는 것이었다. 그러므로 해설위원은 중계 캐스터의 보조 역할 정도였다.

하지만 손희준은 달랐다. 그는 야구 중계 해설을 할 때에 청취자들이 상황을 쉽게 이해할 수 있도록 다양하고 심층적인 내용을 해설에 담아냈다. 그는 상황 중계가 아닌 상황 묘사로 라디오 야구 중계방송의 수준을 한층 더 높인 것으로 평가받는다.

한국 프로야구 전설의 감독인 김응용의 별명은 코끼리였는데 그 별명을 붙여 준 사람이 손희준이었다. 김응용의 현역시절 포지션은 1루수였다. 손희준은 그의 포구 모습을 보고 마치 코끼리의 코가 비스킷을 받아먹는 것과 유사하다며 그에게 '코끼리'라는 별명을 붙여 줬다고 한다. 김응용의 코끼리라는 별명은 라디오 중계를 듣는 청취자들을 위해 손희준이 빚어낸 묘사의 산물이었다. 손희준은 야구 중계에 어떻게 생기를 불어넣어 줘야 할지를 아는 해설가였다.

1965년에는 민영 방송 TBC가 전속해설위원이라는 제도를 만들었다. 최초의 전속해설위원은 서동준이었다. 전속이라는 타이틀은 그럴듯했지만 야구 중계가 자주 있지 않던 시절의 전속해설위원은 큰 의미가 없었다.

II. KBO리그 중계

1. 한국 프로야구 개막전 중계

프로야구 출범 당시 지상파 TV채널은 KBS1-TV, KBS2-TV, MBC 등

3개뿐이었다. 한국 프로야구의 역사적인 출범은 TV(KBS와 MBC)를 통해 전국에 생중계되었다. 개막전 첫 경기는 당시 국가대표 출신을 많이 보유하여 최강팀으로 꼽히던 삼성 라이온즈와 지상파 방송사를 모기업으로 둔 MBC 청룡의 경기였다. 프로야구단을 소유한 방송사라 그랬는지는 모르겠지만 개막전 중계방송에 대한 관심은 KBS보다 MBC에 집중되었다.

MBC의 역사적인 한국프로야구 개막전 중계방송은 김용(캐스터)과 배성서(해설)의 몫이었다. 배성서는 원래 MBC 청룡의 초대 감독으로 내정되었다. 하지만 당시 일본 프로야구에서 활약했던 백인천의 귀국 소식에 MBC 고위직들은 백인천을 선수 겸 감독으로 추대했다. 배성서는 백인천에게 MBC 청룡의 초대 감독직을 내주었지만 한국 프로야구 출범 첫 경기의 해설을 맡는 영광을 얻었다.

항간에는 MBC의 개막 경기 중계방송 해설을 허구연 해설위원이 맡았다는 소문이 있지만 이는 사실과 다르다. 한국 프로야구 해설의 전설적 인물인 허구연은 한국 프로야구 출범 원년인 1982년부터 MBC에서 야구 중계를 한 것은 맞지만 개막전의 해설을 맡은 것은 아니었다.

1905년 한국에 야구라는 스포츠가 도입되었다. 미국인 선교사 질레트(P. Gillett)가 황성기독청년회(현재의 YMCA) 회원들에게 야구를 가르친 것이 그 시초이다. 하지만 일제 식민지를 거치면서 한국 야구는 일본의 영향을 받게 되었다. 특히, 야구 용어는 일본의 영향을 많이 받았는데, 일본식 야구 용어의 순화 운동을 펼친 사람이 허구연이었다.

그는 30대에 청보 핀토스의 감독을 역임한 이후 현재까지 한국 프로야구 해설의 전설적인 존재로 남아 있다. MBC의 간판 해설위원으로 활약하면서 야구장 건설 및 야구의 대중화에 앞장서며 한국 프로야구의 수준을 한 단계 더 높이는 데 일조하였다는 평가를 받는다. 허구연, 그는 한국 프로야구 해설역사에서 빼놓을 수 없는 인물이다.

모든 스포츠 종목의 해설위원들이 그렇듯 야구 해설위원 역시 주로 선수 출신들이 맡는다. 간혹 비(非)선수 출신이 해설위원을 맡는 경우도 있으나 이들 역시 야구 전문기자나 야구 전문가들이다. 대니얼 김, 민훈기, 한만정, 허구연 해설위원 등이 여기에 해당한다. 또한 OBS의 구경백 해설위원은 OB 베어스 야구단의 프런트 출신이라는 특이한 이력을 지니고 있다.

프로야구 해설위원이 되기 위한 자격조건이나 제한요건 등은 없다. 그럼에도 불구하고 프로야구 선수 출신 해설위원들이 주를 이루는 이유는 현장 감각과 경기의 전체적인 흐름을 읽는 능력이 뛰어나기 때문이다. 하지만 선수 출신 해설위원 중에는 사투리 사용, 발성, 발음 등에 문제가 있는 경우가 있다. 또한 선수 출신 특유의 정제되지 않은 거친 언어 구사 때문에 구설수에 오르기도 한다. 반대로 비(非)선수 출신 해설위원들은 그라운드를 직접 누비지 않아서 현장감은 좀 부족하지만 야구에 대한 지식과 정보가 풍부하며 발음이나 발성도 상대적으로 낫다는 평가를 받는다. 그렇기 때문에 스포츠 채널에서는 이들을 고루 섞어서 해설진을 구성한다.

해설위원들은 각자 특징이 있다. 선수 칭찬을 많이 하는 해설위원, 선수들의 아쉬운 부분에 대해 고언을 아끼지 않는 해설위원, 전반적인 야구 발전을 촉구하는 해설위원 등이 있다. 선수들은 당연히 칭찬을 많이 해 주는 해설위원을 선호한다. 또한 해설위원들 개인의 평소 생각이 야구 중계 중에 드러나는데, 그런 발언 때문에 시청자에게 칭찬을 받기도 하고 구설수에 오르기도 한다.

2. 방송사별 중계진 현황

2018 시즌 KBO리그 경기의 중계진은 캐스터 18명, 해설위원 22명, 아나운서 16명 등 총 56명이다. 방송사별로는 KBS N 스포츠가 14명, MBC SPORTS 플러스가 16명, SBS Sports가 15명, SPOTV가 11명이다. MBC SPORTS 플러스에 가장 많은 해설위원(8명)이 포진되어 있고 SPOTV는 여자 아나운서의 수가 2명밖에 없다. 각 방송사의 해설위원 22명 중 18명(82%)이 프로야구 선수 출신이다. 프로야구 선수 출신이 아닌 해설위원은 4명(대니얼 김, 민훈기, 한만정, 허구연)이다.

〈표 4-1〉 2018 시즌 KBO리그 중계진

방송사	캐스터	해설위원	여자 아나운서
KBS N 스포츠	강성철, 권성욱, 이기호, 이호근, 조진혁	대니얼 김, 안치용, 이용철, 장성호	김보경, 오효주, 이향, 조은지, 최희
	5명	4명	5명
MBC SPORTS+	김수환, 정병문, 정용검, 한명재	김선우, 박재홍, 양준혁, 이종범, 정민철, 차명석, 한만정, 허구연	김선신, 박지영, 장예인, 정새미나
	4명	8명	4명
SBS Sports	안현준, 윤성호, 이동근, 정우영	김정준, 안경현, 이순철, 이승엽, 이종열, 최원호	김민아, 김세연, 김세희, 진달래, 홍재경
	4명	6명	5명
SPOTV 1, SPOTV 2	김민수, 박찬웅, 윤영주, 이준혁, 최두영	김경기, 김재현, 민훈기, 서용빈	노윤주, 박서휘
	5명	4명	2명

(자료 : 각 방송사 홈페이지)

3. 비선수 출신 해설위원

〈그림 4-1〉 대니얼 김 해설위원

KBS N 스포츠에서 해설위원을 맡고 있는 대니얼 김은 메이저리그 구단인 뉴욕 메츠(New York Mets)의 프런트 출신이다.

어릴 때부터 야구를 워낙 좋아했던 그는 OB 베어스의 어린이 회원이던 초등학교 6학년 때 가족과 함께 미국으로 이민을 갔다. 미국에 살면서도 야구에 대한 열정이 가득했던 그는 1998년 뉴욕 메츠(마케팅부) 정식 직원으로 입사하였다. 한국인(대한민국 국적 소유자)이 MLB 구단의 정식 직원이 된 첫 번째 사례였다.

〈그림 4-2〉 민훈기 해설위원

민훈기 해설위원은 1986년 중앙일보에 입사하여 LA본사 사회부 차장을 역임한 기자 출신 해설위원이다. 그 후 스포츠조선으로 자리를 옮기고 나서 1990년에 스포츠조선 미주 특파원을 지냈다.

1994년에 박찬호가 미국에 진출하면서 메이저리그 및 한국 출신 메이저리거들의 전담기자로 활동했다. 15년간 스포츠조선 특파원으로 현장에서 메이저리그와 한국 선수들의 활약을 취재했다.

1997년 KBS 해설위원으로 잠시 활동하다가 2009년부터 KBS N 스포츠의 해설위원이 되었다. 2012년에는 XTM의 해설위원으로 잠시 활동하였다. 2013년부터는 MBC 지상파의 메이저리그 해설위원도 겸임하였다.

한만정 해설위원은 특이하게도 자동차 세일즈맨(대우자동차판매 분당지점 영업본부장) 출신이다. 세일즈맨 출신이라고 하면 야구와는 인연이 없는 것 같이 생각할 수 있지만 그는 실업야구 선수 출신이다. 또한 이화여자대학교 소프트볼 팀의 감독(1994~1997)도 역임한 야구인 출신이다.

한만정 해설위원과 얽힌 에피소드가 있다. 이른바 '오윤 사건'이다. 2010년 9월 15일 넥센 히어로즈와 한화 이글스의 경기에서 연장 10회초 타석에 들어선 오윤이 누구와 닮았는지를 두고 정우영 캐스터와 설전을 벌였다. 한만정 위원은 오윤이 심정수랑 닮았다고 했고 정우영 캐스터는 오윤이 정수빈과 닮았다고 했다.

아무도 관심 없고 중요하지도 않은 이 설전(舌戰)은 나중에 실전(實戰)으로 바뀌었다. 들으면 들을수록 재미있는 이 설전은 야구 해설사(史)에 흥미로운 에피소드로 자리 잡고 있다.

한국 프로야구 해설의 살아 있는 전설로 기록되고 있는 허구연은 경남고, 고려대를 거치며 타고난 배팅 능력을 겸비한 선수였다. 청소년대표, 국가대표 선수로도 활약하였다. 고려대에 입학하자마자 4번 타순을 꿰찼는데, 이는 고려대 야구부 역사상 처음 있는 일이었다.

잘나가던 야구선수 허구연이 해설위원의 길로 들어선 것은 부상 때문이었다. 1976년 대전에서 열린 한일 올스타전에서 선수 생명을 접어야 하는 부상을 당했다. 일본 팀의 1루 주자가 거친 슬라이딩으로 2루에 돌진했고 당시 2루수였던 허구연은 정강이뼈가 으스러지는 부상을 당했다.

선수로서의 생명이 끝나는 순간이었다. 하지만 평소에도 학구열에 불탔던 그는 부상을 기회로 삼아 학업에 매진하였고 모교인 고려대에서 법학 석사학위까지 취득하였다.

〈그림 4-3〉 허구연 해설위원

허구연 해설위원은 한국 프로야구 9구단, 10구단 창단의 일등공신이었다. 그는 kt 야구단 창단의 주역이었던 이석채 회장이 정치적인 이유로 물러나고 황창규 회장이 부임한 이후 야구단에 대한 투자가 시들해지자 중계방송에서 "야구에서는 황의 법칙[2]이 안 통하나 보죠"라며 촌철살인을 날렸다. 이후 황창규 회장이 야구단에도 관심을 갖고 많은 투자를 했다는 일화가 전해진다.

4. 방송 중계 응용 프로그램

KBO[3]와 중계권 계약을 맺은 방송사들은 프로야구로 인해 파생되는 프로그램을 가급적 많이 제작하려 한다. 어차피 중계권 계약은 완료된 상황이고 방송사는 이를 활용하여 다양한 프로그램을 제작하고 방영해야 광고수입이 발생하기 때문이다.

---

2 반도체 메모리의 용량이 1년마다 2배씩 증가한다는 이론으로, 황창규 전 삼성전자 사장이 '메모리 신성장론'을 발표한 그 내용을, 그의 성을 따서 '황의 법칙'이라고 한다.
3 정확히는 KBO의 자회사인 KBOP

프로야구의 대표적인 응용 콘텐츠는 하이라이트 프로그램이다. 기존의 프로야구 하이라이트 프로그램은 점수가 나는 주요 장면만 편집하여 방영하는 데 그쳤다.

하지만 2009년 KBS N 스포츠에서 선보인 "아이 러브 베이스볼"은 하이라이트 콘텐츠를 활용하여 흥미의 영역을 확장함으로써 야구팬들의 시선과 관심을 이끌어냈다. KBS N 스포츠의 해설위원들이 함께하며 그날 경기 상황에 대한 자세한 해설을 덧붙이면서 하이라이트 프로그램의 춘추전국시대를 열었다.

"아이 러브 베이스볼"이 하이라이트 프로그램으로서 반향을 일으킨 가장 중요한 요소는 메인 MC가 여성 아나운서였기 때문이었다. 스포츠 종목은 남성들의 영역이라는 기존의 틀을 깨고 야구에 전문성을 갖춘 여성 아나운서(김석류)가 프로그램을 진행하면서 프로야구 하이라이트 프로그램의 새로운 지평을 열었다.

이후 스포츠 전문 채널마다 여성 아나운서들이 하이라이트 프로그램의 진행을 맡았다. 그리고 진행을 맡은 여성 아나운서들은 야구팬들의 인기를 등에 업고 '야구 여신'이라는 별명을 얻었다.

프로야구 하이라이트 프로그램은 하루에 열리는 5경기 중에서 자사가 중계한 경기는 본 중계의 캐스터와 해설이 가미된 부분을 편집하여 사용하고 나머지 4경기는 다른 방송사가 중계한 내용을 자사가 더빙 및 편집하여 방영한다.

KBS N 스포츠 "아이 러브 베이스볼"의 대표 프로그램인 "미스 앤 나이스"(Miss & Nice)는 당일 경기 중에서 명장면과 실수 장면을 추려서 방송하는 코너이다. 이 코너가 인기를 끌자 다른 방송사의 하이라이트 프로그램에서도 이를 모방했지만 현재는 KBS N 스포츠에서만 방영하고 있다.

스포츠 채널 방송사의 해설진은 보통 4~5명 정도로 구성되어 있다. 해당 방송사는 중계방송 일정이 나오면 경기 중계 해설, 하이라이트 프로그램 해설, 휴식 등의 순서로 순번을 짠다. 하지만 모든 스포츠 채널이 다 4~5명의 해설위원 인력을 꾸리는 것은 아니다. MBC SPORTS 플러스처럼 8명의 해설위원이 포진하는 경우도 있다.

몇 년 전, 어떤 스포츠 채널에서는 1명의 캐스터가 한 시즌의 프로야구 전 경기를 중계하는 일도 있었다.

프로야구는 지역 연고주의를 표방한다. 이는 미국, 일본 등도 마찬가지이다. 지역 연고제는 기본적으로 지역의 팬들을 확보할 수 있다는 장점이 있다. 그리고 경기를 통해 다른 팀을 이겨야 하는 스포츠의 특성상 스포츠를 통한 지역주의는 더욱 견고해진다.

야구 중계방송 시 방송사는 일부러 해당 구단 선수출신의 해설위원을 배치하기도 한다. 다른 해설위원들 보다 그 팀에 대해서 잘 알기 때문에 양질의 해설을 도출하기 위해서 방송사는 그런 시도를 한다. 하지만 이럴 경우 편파 해설이라는 오해를 받기 딱 좋은 조건을 갖추게 된다. 해설위원 대부분이 선수 출신이다 보니 은연중에 자신이 몸담았던 팀에 대한 애정이 묻어나는 발언을 하기도 한다. 그때 편파 중계 논란이 발생한다.

야구 중계방송 도중에 약간이라도 균형을 못 잡는 해설을 하면 포털의 실시간 검색어 상위권에 그 해설자의 이름이 오르게 된다. 이럴 경우 시청자들의 거친 비판을 감수해야 한다. 해설의 물리적 균형을 잡지 못한 결과이다. 해설자들도 그런 위험성에 대해서는 누구보다 잘 알고 있다. 그래서 조심하려고 애쓰고 있지만 의도치 않게 편파성 발언을 하는 경우도 있다.

프로야구 응용프로그램 중에는 아예 대놓고 한쪽 팀을 응원하는 편파 해설 방송도 있다. 이런 프로그램은 주로 아프리카 TV 같은 인터넷 개인방송이나 지역 스포츠 케이블 TV에서 제작한다. 편파 해설 TV의 주요 시청자는 특정 팀을 응원하는 사람들이다. 여러 팬이 모여서 자신이 좋아하는 팀을 일방적으로 응원하는 것은 야구 중계의 재미를 더하므로 프로그램의 인기도 많다. 일반 스포츠 채널의 중계방송에서는 절대 금기 사항인 편파 해설 방송이 양지로 나와 오히려 활성화 된 경우이다.

III. 중계진 처우

1. 계약 기간

프로야구의 인기가 예전보다 상승하면서 야구 해설위원들의 처우도 좋아졌다. 방송사의 해설위원들은 경우에 따라 다년 계약을 맺기도 하지만 거의 대부분은 1년 단위로 계약한다. 방송사별 해설위원 연봉은 구체적으로 공개되지 않는다.

　방송사마다 해설위원의 연봉은 차이가 있다. KBS N 스포츠, MBC SPORTS 플러스, SBS Sports 등 지상파 방송국 산하에 있는 스포츠 채널의 해설위원이 다른 스포츠 채널의 해설위원보다 더 많은 연봉을 받는 것으로 알려져 있다. 또한 같은 방송사에 소속되어 있더라도 각 방송사의 메인 해설위원은 다른 해설위원들보다 많은 연봉을 받는다. 지상파 방송국이랑 따로 추가적인 계약을 맺기 때문이다. 메인 해설위원이란 KBS(이용철)[4], MBC(허구연), SBS(이순철) 등 지상파 TV에서 프로야구 중계를 할 때 중계 방송을 맡는 해설위원을 말한다.

　프로야구 해설위원들의 연봉이 매우 궁금하여 친분이 있는 해설위원들에게 살짝 물어보아도 제대로 답을 해 주지 않는다. 또한 해설위원들 간에도 서로 연봉에 대해서는 묻지도 답하지도 않는 것이 상도덕이라고 한다. 다만, 확실한 것은 좋은 협상력을 지닌 해설위원들이 많은 연봉을 받는다는 것이다.

2. 초창기 대우

　우리나라 최초의 전속 야구 해설위원이었던 서동준은 월급으로 7,000원 (현재 화폐가치 약 20만 원)을 받았다.

　현재 KBO리그 해설위원 중에서 가장 많은 연봉을 받는 것으로 알려진 허구연은 1982년 당시 1회당 36,500원의 출연료를 받았다. 이듬해 MBC 는 허구연에게 전속 해설위원 계약을 제안했다. 허구연과 MBC는 연봉 협

---

4 2019년에는 장성호 해설위원으로 바뀌었다.

상에 들어갔다. MBC는 허구연에게 원하는 연봉이 얼마인지를 물었고 허구연은 2,200만 원이라고 답했다.

MBC는 깜짝 놀라면서 허구연에게 2,200만 원을 제시한 근거와 이유에 대해 물었고, 허구연은 A급 선수의 연봉 정도는 받아야 되지 않겠냐고 답했다. 하지만 당시 프로야구의 산업구조가 해설자에게 2,200만 원이라는 거액의 연봉을 줄 수 있는 상황이 아니었다. 결국 허구연은 해외 전지훈련 참관 등 프로야구 해설을 위한 제반 비용은 MBC가 별도로 지급하는 조건으로 MBC와 1,000만 원에 계약했다. 당시 해설위원에게 연봉 1,000만 원을 지급하는 것은 파격적인 대우였다.

허구연이 말한 A급 선수란, 1982년 한국프로야구 출범 당시 선수들의 연봉구조에서 찾을 수 있다. KBO는 당시 선수 연봉을 S급(2,400만원), A급(2,200만 원), B-F급까지 총 7단계로 나누었다. S급의 연봉을 받은 선수는 백인천, 김봉연, 박철순 등 손에 꼽히는 몇 명이었다. 당시 압구정동의 30평형 아파트 가격이 2,400만 원 정도였다. S급 선수의 연봉은 그 기준에 맞추어 책정되었다.

3. 연봉 수준

어느 해설위원의 인터뷰 기사에 따르면 프로야구 해설위원들이 스포츠 채널과 처음 계약할 때의 연봉은 보통 6,000-7,000만 원 정도이다. 방송사 해설위원들은 스타플레이어 출신이 많은데 그들이 선수 시절에 받던 몇 억 원의 연봉과 해설위원으로 받는 연봉은 차이가 크다. 일반적으로 방송사 해설위원들의 연봉은 프로야구단 코치들의 연봉 수준이다.

프로야구 출범 37년이 지난 지금도 일부 방송사의 일부 해설위원들은 연봉이 아닌 회당 30-40만 원 정도의 출연료를 받기도 한다. 물론 교통비, 숙비, 식비 등의 기본적인 출장비는 실비로 별도 제공된다. 이렇듯 해설위원들의 처우는 사람과 경우에 따라 천차만별이다.

메이저리그에서는 10억 원이 넘는 연봉을 받는 해설위원도 있다. KBO 리그에서는 시장 규모상 그 정도의 고액 연봉 해설위원이 등장하기는 어렵다. 다만 해설위원들은 방송을 통한 유명세를 활용하여 강연, TV 프로그램 출연 등으로 부수입을 올리기도 한다.

IV. 해설위원의 운명

1. 올 시즌 성적 예측

프로야구 해설위원들은 매해 시즌 개막 전에 어려운 상황에 봉착하게 된다. 여러 매체로부터 올 시즌 프로야구의 순위 예상에 대한 질문을 받기 때문이다.

과거의 사례를 살펴보면 팀의 모든 순위를 정확하게 맞춘 해설위원은 거의 없다. 아니 없다. 그래서 질문자들은 4강, 5강 등 범위를 좁혀 질문한다. 하지만 야구팬들은 시즌 판도 예측에 대해 큰 관심을 갖지 않는다. 순위에 관심이 없는 것이 아니라 항상 예측이 빗나가기 때문이다. 왜 해설위원들의 예측은 빗나갈까?

어느 한 분야의 전문가 그룹이라도 미래를 예측한다는 것은 쉽지 않은 일이다. 예측의 전개 구조가 박빙이라면 더욱 그렇다. 예를 들어, 대통령 선거를 앞두고 있는 상황에서 여야 대선후보의 양자구도가 형성되어 있고 여론조사에서도 거의 박빙의 상태라면 한 쪽이 승리할 확률은 50%이다. 용하다는 점쟁이 10명을 찾아가서 누가 대통령이 될지를 물어보아도 그 결과가 5대 5 정도로 갈릴 것이다. 용한 점쟁이가 아니라 일반인들에게 물어봐도 똑같은 결과가 나올 가능성이 크다.

그런데 예측해야 할 대상이 많은 상황에서 그 순위를 맞혀야 하는 경우의 수는 매우 복잡해진다. KBO리그의 팀은 10개이다. 시즌 종료 후 1위 팀과 10위 팀의 승률 차이는 크지만 1-2위, 2-3위 등 순차적으로 순위에 걸쳐 있는 팀들의 승률 차이는 크지 않다. 시즌 중간에 주축 선수 부상 등 팀에 변수가 생기면 수시로 순위가 바뀌기도 한다. 그래서 프로야구 팀들의 순위를 정확하게 예측하는 것은 매우 어렵다.

순위 예측을 해야 하는 경우, 해설위원들은 자신의 예측 위험을 최소화할 수 있는 방법을 사용한다. 작년의 성적을 토대로 외국인 용병 수준 파악, 주력 선수의 부상 여부 등을 종합하여 올 시즌 순위를 예측한다. 이런 방법은 매우 자연스러운 것이다.

2. 닻내림 효과(anchoring effect)

대부분의 사람들은 무엇인가 예측해야 하는 막연한 상황에서 합리적인 추론보다는 어떤 기준점을 토대로 약간의 조정 과정을 거친 후 예측하려는 경향이 있다. 그런 불완전한 조정 과정 속에서 사람들은 선택의 위험을 줄이기 위해 최초의 기준에 영향을 받게 된다. 이런 현상을 '닻내림 효과'(anchoring effect) 혹은 '정박 효과'라고 한다.

닻내림 효과란, 배가 항구에 닻(anchor)을 내리면 많이 움직이지 않고 연결한 밧줄의 범위 내에서만 움직이듯이, 사람들이 무엇인가를 판단할 때 처음에 접한 인상적이었던 숫자나 사물의 왜곡된 정보에 집착하여 합리적 판단을 내리지 못하는 현상을 말한다.

이는 프로야구 해설위원들이 왜곡된 정보에 집착하여 합리적인 판단을 못 내린다는 것이 아니다. 예측의 위험을 줄이기 위하여 최초의 기준점이 되는 지난 시즌의 성적을 참고하여 올 시즌의 순위를 예측한다는 의미이다.

2002년 노벨 경제학상 수상자이자 행동경제학(경제학+심리학)의 창시자인 대니얼 카너먼(Daniel Kahneman)과 그의 단짝 친구인 심리학자 아모스 트버스키(Amos Tversky)는 흥미로운 실험 하나를 설계했다.

그들은 실험 참가자들에게 1-100까지의 숫자가 쓰여 있는 행운의 바퀴를 돌리게 한 후, 나온 숫자가 '유엔에 가입한 국가 중 아프리카 국가의 비율'보다 많은지 적은지 추측해 보라고 질문했다. 예를 들어 실험 참가자가 돌린 숫자가 40이 나왔다면 실험 참가자에게 유엔에 가입한 아프리카 국가의 비율이 40보다 많은지 적은지 추측해 보라는 것이었다.

어찌 보면 황당하고 말도 안 되는 실험인데 대부분의 실험 참가자는 행운의 바퀴를 돌려서 나온 숫자와 비슷한 수치를 응답했다. 행운의 바퀴가 80을 가리키면 유엔 가입국 중 아프리카 국가의 비율은 70-90 사이라고 대답했다. 이처럼 막연한 추측에 대한 답을 요구하면 사람들은 초기에 인상적으로 접한 정보에 사로잡히는 현상을 보이는 것을 발견했다. 이를 닻내림 효과라고 정의한 것이다.

닻내림 효과는 야구해설위원들의 시즌 성적 예측 외에도 일상생활에서도 많이 찾아볼 수 있다.

첫째, 고급 음식점의 메뉴판이다. 고급 음식점의 코스 메뉴판에는 가장 비싼 코스요리를 메뉴판의 상단에 배치한다. 가장 비싼 메뉴를 본 사람들은 그 가격을 기준으로 자신이 시킬 음식메뉴를 정하기 때문이다. 고급 코스 음식점에서 가장 많이 팔리는 메뉴는 중간 가격의 코스 음식이다.

둘째, 가격정찰제가 시행되지 않은 거래이다. 재래시장뿐 아니라 가격정찰제가 아닌 상거래에서는 초기의 가격 제시가 거래 가격의 기준점이 된다.

셋째, 심사위원들의 평가이다. "두 시 탈출 컬투쇼"라는 인기 라디오 프로그램이 있다. 시청자들이 보낸 재미있는 사연을 읽고 심사위원 3명이 점수를 주는 방식인데, 첫 번째 심사위원이 점수를 주면 그 뒤의 심사위원들은 거의 그 기준에 맞춰 비슷한 점수를 준다.

넷째, 동일한 인물에 대한 평가이다. 학교에서 선생님들이 학생들을 평가할 때 이전 평가의 점수가 좋았던 학생에 대해서는 그 후에도 좋은 성적을 주게 된다. 그 학생의 초기 평가가 기준이 되기 때문이다. 이런 현상을 '초두 효과'(primacy effect)라고도 한다. 초두 효과란, 초기에 제시된 정보가 추후 알게 된 정보보다 더 강력한 영향을 미치는 현상을 말한다. 첫인상이 중요하다는 의미로 '첫인상 효과'라고도 한다.

3. 비운의 해설위원

"야구 몰라요…" 하일성 해설위원의 명언이다. 언제든지 뒤집힐 수 있고 끝까지 가 봐야 결론을 알 수 있는 야구의 묘미를 한마디로 묘사한 말이다.

하일성은 한국 프로야구 해설의 상징과도 같은 인물이다. MBC에 허구연이 있었다면 KBS에는 하일성이 있었다. 그는 고등학교(성동고) 시절 야구선수 생활을 시작하고 야구특기생으로 경희대에 진학했다. 대학 진학 후, 엘리트 야구를 그만두고 고등학교 체육교사의 길을 택했다. 그가 고등학교 체육교사를 겸직하며 야구해설을 하게 된 것은 전설의 배구 해설위원인 오관영의 추천 덕분이었다.

하일성은 1979년 동양방송(TBC) 야구 해설위원으로 방송계에 입문했다. 1980년 신군부의 방송 통폐합 때, 그도 자연스럽게 KBS로 자리를 옮겼다. 프로야구 초창기의 야구 해설위원들 중에는 지역색이 드러나는 사투리를 사용하는 사람들이 많았지만 그는 표준어에 가까운 차분하고 정제된 말투와 구수한 입담을 구사했다. 그로 인해 많은 팬들을 확보하였으며 우리나라의 대표적인 야구 해설자로 자리했다. 다만, '다르다'와 '틀리다'를 구분하지 않고 사용하여 이에 대한 지적이 많았지만 그는 끝까지 고치지 않는 뚝심을 보이기도 했다.

MBC의 허구연이 야구 용어 순화, 야구 인프라 구축 등으로 프로야구 발전에 기여했다면, 하일성은 상황 예측을 통해 야구경기의 흐름을 꿰뚫는 듯한 해설로 인기를 끌었다.

프로야구 초창기 시절 하일성은 허구연보다 더 많은 팬을 확보했다. 해설위원으로서 인기가 많아지고 위상이 높아지자 1983년부터는 환일고등학교 체육교사직을 그만두고 KBS의 전속 해설위원이 되었다. 그의 예측 해설에 현혹된 어린이 야구팬들은 하일성이 프로야구단의 감독을 맡으면 우승할 텐데 왜 감독으로 가지 않느냐며 투덜거리기도 했다.

그는 타고난 애주가, 애연가로도 유명했다. 술과 담배 때문이었는지는 모르겠으나 2002년 1월에 심근경색으로 쓰러져 투병 생활을 시작했다. 이후 3번이나 큰 수술을 받으며 야구팬들을 놀라게 했다. 이후 금연에도 성공하면서 건강을 회복하였다. 해설위원으로 다시 마이크를 잡은 하일성의 복귀에 많은 야구팬들은 박수갈채를 보냈다.

그는 2006년 5월부터 2009년 3월까지 KBO의 제 11대 사무총장을 역임했다. 훗날의 평가이지만 그 자리는 하일성 야구 인생에 양날의 검으로 작용했다.

사무총장을 맡은 기간 동안 하일성은 선수단장으로서 2008 베이징올림픽 금메달, 2009년 제 2회 월드베이스볼클래식 준우승 등의 성과를 이끌었다. 한국야구의 국제대회 호성적은 국내 프로야구 600만 관중 시대를 여는 견인차 역할을 했다.

그는 선수단장으로 국제대회 호성적을 거둔 시기를 인생 최고의 순간으로 기억하며, 자신이 나중에 세상을 떠나면 묘비에 "2008년 베이징올림픽 금메달 야구대표팀 단장"이라고 새겨 달라는 말을 남기기도 했다. 그만큼 KBO 사무총장 및 국제대회 선수단장이라는 자리에 대한 그의 자긍심은 컸다.

베이징올림픽이 열렸던 2008년 시즌 개막을 앞두고 훗날 하일성의 인생에 큰 위기가 될 사건이 발생했다.

KBO는 해체한 현대 유니콘스를 대체할 제 8구단이 필요했다. KBO의 선택은 센테니얼 인베스트먼트(이하 센테니얼)였다. 센테니얼은 ㈜서울 히어로즈의 모회사이다. 당시 프로야구 8구단 창단 과정에서는 여러 가지 석연치 않은 유착 및 혜택 의혹이 제기되었다.

게다가 프로야구 제 8구단 인수기업인 센테니얼과 현대 선수단 간에 갈등이 발생힐 때마다 KBO가 일방적으로 센테니얼을 두둔한다며 선수협은 크게 반발했다. 대표적인 것이 연봉감액제한 철폐였다. KBO는 이사회를 개최하여 연봉감액제한 철폐를 의결했고, 그 결과 센테니얼은 인수 대상인 현대 선수단에 대한 연봉협상 주도권을 갖게 되었다. 이에 대해 선수협은 공정거래위원회에 신고서를 제출하는 등 거세게 반발했다.

그때 KBO를 대표해서 협상의 전면에 나섰던 이가 사무총장 하일성이었다. 사무총장이라는 직책상 그는 선수협과의 협상 창구였다. 하일성은 사무총장 시절 선수협과의 극심한 대립 관계의 중심에 서 있었다. 하일성과 선수협과의 감정의 골은 그렇게 깊어 갔다.

선수협과의 관계에서 비롯된 모든 갈등에 대한 해결은 '결자해지(結者解之)' 차원에서 그의 몫이었다. 사무총장 시절 하일성과 선수협의 갈등은 하늘로 쏘아 올린 로켓처럼 빠르고 격렬했지만, 그 해결책은 하늘에서 떨어지는 깃털처럼 느리고 더뎠다. 이런 상황이 반복되면서 하일성 총장과 선수협의 관계는 더욱 악화되었다.

하일성은 그가 자긍심을 가졌던 KBO 사무총장의 임기를 마치고 2010년 KBS N 스포츠의 해설위원으로 돌아왔다. 하지만 예전의 하일성이 아니었다. 그의 해설에는 힘이 없었다. 하일성이 해설하는 야구 중계방송은 해설자 없이 중계하는 것처럼 그는 중계방송에서 존재감을 드러내지 못했다.

야구 경기에 앞서 해설자는 양 팀 감독을 만난다. 농담도 건네면서 요즘 팀의 분위기와 작전 구사 등에 대한 대화를 나눈다. 영리한 감독은 이 기회를 놓치지 않고 자신의 메시지를 해설위원에게 건네며 방송을 잘 활용한다. 해설자는 감독뿐 아니라 선수들도 만난다. 선수들과의 사전미팅을 통해 최근 컨디션과 부상 정도 등을 체크하는 것도 잊지 않는다.

3시간 정도 진행되는 야구경기에서 해설자가 순수하게 야구경기 이야기만으로 그 시간을 모두 채우기는 어렵기 때문에 감독, 선수와의 사전미팅은 필수이다. 또한 사전미팅 내용을 가미하여 해설하는 것은 야구팬들에게 고급 정보를 전달하는 일종의 팬서비스이기도 하다.

과거지사 다 지난 일이었지만 해설가로 돌아온 하일성 전(前)총장에 대해서 선수협은 여전히 그들을 핍박하는 존재로 인식했다. 과거 선수협이 갖고 있었던 하일성에 대한 반감도 수그러들지 않았다. 그러니 해설위원으로 돌아온 하일성에게 선수들이 사전미팅으로 협조할 리 없었다. 선수들은 경기 전 하일성과의 인터뷰를 거부했다. 그의 해설에 힘이 없어진 것은 경기 전 선수들과의 사전미팅을 못했기 때문이다. 경기 전 선수들과 사전 인터뷰를 하지 않은 상태로 야구중계에 임하니 하일성의 말수가 급격하게 줄어든 것은 당연했다. 하일성은 야구 해설위원으로서의 역할과 기능에 큰 치명타를 입은 것이다. 결국 하일성은 2014시즌 이후 KBS N 스포츠로부터 해설위원 재계약 불가통보를 받았다.

악재는 한번에 온다고 했던가? 하일성은 2015년 말부터 2016년까지 채무 불이행, 음주운전 방조, 사기, 근로기준법 위반 등의 혐의로 법 앞에 섰다. 이런 악재가 이어지자 하일성은 2016년 9월 8일 자신의 사무실에서 스스로 목숨을 끊었다. KBO리그의 전설적인 해설위원 중 1명이 그렇게 생을 마감하였다.

되돌릴 수 없는 이야기지만 하일성이 KBO 사무총장을 그만둔 후 야구계의 원로로 남았으면 좋았을 텐데. 많은 아쉬움이 남는다.

국제대회 선수단장 역임을 사후 묘문으로 적어 달라고 할 정도로 하일성이 자긍심을 가졌던 KBO 사무총장 자리. 그 자리의 명(明)은 그의 묘문으로 남겨 달라고 할 정도로 대단했지만, 그 자리의 암(暗)은 생각보다 빨리 하일성의 묘문을 재촉했다.

5장

프로야구 선수,
사법시험 합격,
서울대 입학 중
어떤 것이 더 어려운가?

Ⅰ. 무엇을 할까?

1. 장래 희망

어른들이 아이들을 만나면 꼭 물어보는 것이 있다. "넌 장래 희망이 뭐니?" 그런 질문에 익숙해진 어린아이들은 타당한 이유를 근사하게 덧붙여서 모범 답안을 만들어 대답한다. 그러면 어른들은 웃으면서 지갑을 연다. 구두쇠 어른이면 지갑 대신 입을 열어 칭찬한다.

필자가 미취학 아동일 때의 장래희망은 군인이었던 것 같다. 커서 되고 싶은 것을 스케치북에 그리라고 했을 때 군인을 그렸던 기억이 있다. 커다란 얼굴에 큰 모자를 쓴 군인을 그렸는데, 모자에는 꼭 별을 4개 그려 넣었다. 당시 대통령이 별 2개 출신이었는데 겁도 없이 별 4개를 넣은 것을 보면, 미취학 아동의 눈에도 군인 출신이 출세하는 세상이 보였나 보다.

아이들이 자라면서 세상과의 접점이 넓어지면 어떤 직업을 선택해야 잘 먹고 잘사는지를 직간접적으로 알게 된다. 그래서 아이들은 나이가 들수록 부, 명예, 권력 등이 동반된 직업을 장래희망으로 답한다. 사회에서 인정받는 직업에 대한 인식이 생기는 것이다.

30년 전 초등학생들의 장래희망은 대체로 대통령, 과학자, 교수, 선생님, 미스코리아 등이었다. 요즘 아이들의 장래희망은 연예인, 운동선수, 유튜버 등으로 과거와는 많이 다르다. 유튜버는 아이들의 장래희망으로 새롭게 등장한 직업군이다.

〈표 5-1〉 학생 희망 직업 변화

순위	초등학생		중학생		고등학생	
	2007년	2018년	2007년	2018년	2007년	2018년
1	교사	운동선수	교사	교사	교사	교사
2	의사	교사	의사	경찰관	회사원	간호사
3	연예인	의사	연예인	의사	공무원	경찰관
4	운동선수	요리사	법조인	운동선수	개인사업	뷰티 디자이너
5	교수	유튜버	공무원	요리사	간호사	군인
6	법조인	경찰관	교수	뷰티 디자이너	의사	건축가
7	경찰	법조인	경찰	군인	연예인	연구원
8	요리사	가수	요리사	공무원	경찰	소프트웨어 개발자
9	패션 디자이너	프로 게이머	패션 디자이너	연주/ 작곡가	엔지니어	항공기 승무원
10	프로게이머	제과/ 제빵사	운동선수	소프트웨어 개발자	패션디자이너	공무원

(자료 : 교육부)

2. 운동선수

〈표 5-1〉은 교육부와 한국직업능력개발원이 발표한 2018년 초중등 진로교육 현황조사이다.

장래희망이 운동선수인 아이들이 많아진 것은 박찬호, 박세리, 김연아, 류현진, 손흥민 등 우리나라 운동선수들이 세계를 무대로 활약하는 모습을 보여 준 영향이 크다. 그들이 이슈가 되면 어김없이 그 이름을 앞세운 '○○○ 키즈'가 생긴다. 현재 LPGA를 접수한 한국인들은 모두 '박세리 키즈'이다.

세계적인 운동선수로 성공하면 부와 명예를 한번에 거머쥘 수 있기에 성공한 운동선수는 어린이들에게 선망의 대상이 된다.

반면, 부모들은 걱정이 많다. 야구, 축구, 골프 등은 인기 프로스포츠라서 성공하면 많은 돈을 벌 수 있다. 하지만 비인기 종목 운동선수가 되겠다고 하면 부모의 한숨은 더욱 깊어진다.

운동선수가 되고 싶다고 하는 아이들과 부모 사이에는 항상 갈등이 존재한다. 심지어 그런 갈등을 해결해 주는 프로그램이 있을 정도이다. 그렇다면 부모는 왜 아이들이 운동선수가 되겠다는 것을 반대할까?

운동선수가 되는 것은 엘리트 체육의 길로 들어서는 것을 말한다. 엘리트 체육은 생활체육과는 다르게 목적 달성에 실패했을 때 별다른 대안이 없다. 그러므로 실패에 대한 위험이 크다. 또한 엘리트 체육으로 성공하기 위해서는 물심양면으로 부모의 적극적인 뒷바라지가 필요하다. 그렇지 않으면 엘리트 운동선수로 성공하기 어렵다.

지금도 필자의 주변에는 아이를 엘리트 운동선수로 입문시키는 문제를 두고 고민하는 부모가 많다. 운동선수가 되겠다는 아이들의 장래희망에 부모는 '장래 절망'을 느낀다. 하지만 너무 걱정할 필요는 없다. 장래희망은 희망일 뿐이다. 지인 중에 고등학교 때부터 꼭 검사가 되겠다는 다짐으로 열심히 공부한 사람이 있었지만, 지금 그는 검사한테 쫓기는 신세이다. 그만큼 뜻대로 되지 않는 것이 어린 시절의 장래희망이다.

이번 장에서 다루는 내용이 내 자녀를 엘리트 운동선수로 키울지 말지를 고민하는 부모들에게 도움이 되었으면 좋겠다.

3. 인간 승리

몇 년 전에 어떤 변호사 한 분을 만난 적이 있다. 그분은 얼마 전까지 대한민국에서 가장 큰 로펌에서 근무했고, 현재는 경력직 판사로 임용되었다.

놀라운 것은 그가 고등학교 때까지 엘리트 야구선수였다는 점이다. 남들보다 체구가 작았지만, 이를 극복하기 위해서 남들보다 더 열심히 야구를 했다. 그런데 고등학교 2학년 때 체구, 체력 등으로 인해 야구를 지속하는데 한계에 봉착했다. 결국 그는 그가 살아온 인생의 전부였던 야구를 그만두었다. 그가 그토록 좋아했고 남들보다 유일하게 잘할 수 있는 것을 포기한 것이다. 그는 야구를 그만둔 후 학교 성적표를 통해 현실의 자아를 직시했다. 학교 성적은 755명 중 750등. 물론 이 성적은 가장 못한 성적이다. 한참 잘나갈 때에는 644등까지 기록한 적도 있었다.

그 후 그는 인생을 다시 시작한다는 생각으로 기초부터 다져 나갔다. 많은 우여곡절 끝에 고졸 검정고시, 법대 진학, 사법시험 합격, 변호사라는 단계를 거쳐 현재 판사의 대열에 합류하게 되었다.

야구를 그만두었을 당시, 그의 공부 실력이 얼마나 형편없었는지를 알려주는 증거가 있다. 그가 고3때 만들었다는 영어단어장은 초등학교 수준의 영어단어에 한글로 음을 써서 만든 것이다. 실제로 공개된 그의 단어장에는 [daddy(대디), 아빠라고 쓰여 있다. 이런 상황을 극복하고 그가 창조한 신화는 여러 매체들을 통하여 소개되었고 그는 대한민국 인간 승리 역사의 한축에 자리하고 있다. 하지만 그는 "노력하면 안 되는 것이 없다"는 진부한 격언을 정면으로 부정했다. "노력해서 되는 것이 있고 노력해도 안 되는 것이 있다"는 것이 그의 주장이다. 이는 일상을 살아가는 보통 사람들이 현실적으로 공감할 수 있는 명료한 메시지이다. 그는 야구선수로 성공하기 위해 엄청난 노력을 했지만 프로야구 선수의 꿈을 이루지 못했다.

또한 신림동 고시생들은 어떠한가? 사법시험을 위해 10년 이상 긴 시간과 많은 비용을 투자했지만, 소기의 목적을 달성하지 못하고 신림동을 뒤로한 채 쓸쓸히 어딘가로 돌아간 수많은 고시낭인들도 있다.

프로야구 선수의 꿈을 못 이룬 변호사와 시법시험 통과의 꿈을 못 이룬 신림동 고시생들, 그들 모두 자신의 노력을 게을리한 것은 아니었다. 그냥 세상에는 노력해도 안 되는 것이 있을 뿐이다.

신화를 창조해낸 그 법조인이 살아왔던 인생사를 접하면서 한 가지 궁금증이 생겼다. '프로야구 선수되기, 사법시험 합격, 서울대 입학 중 어떤 것이 더 어려울까?' 이 궁금증을 해소하기 위해 직접 분석해 보기로 한다. 확률적으로 어떤 것이 가장 어려울까?

II. 프로야구 선수되기 확률

1. 프로야구 선수 지명 제도

1) 우선지명제도

KBO는 해마다 신인 드래프트를 실시한다. 신인 드래프트는 KBO리그의 각 구단이 고교 및 대학 졸업을 앞둔 야구특기생들을 선발하는 제도이다. 야구특기생 졸업 예정자들은 모두 자동 지명 대상자가 되므로 신인드래프트는 프로야구에 입문하는 가장 일반적인 방법이다.

1983년부터 2014년까지는 '프로야구 신인 지명회의'라고 불렀으나 2015년부터 명칭이 개정되어 현재의 정확한 명칭은 'KBO 루키 드래프트'이다.

2009 신인 드래프트(2008년 시행)까지는 지역연고제 활성화를 위해 지역연고 선수들을 우선적으로 지명하는 우선지명제도(1차 지명)가 있었다. 그 후 우선지명제도에서 선택받지 못한 선수들을 대상으로 2차 지명을 했다.

2010 신인 드래프트(2009년 시행)부터 우선지명제도가 사라지고 전면 드래프트가 도입되었다. '1차, 2차 지명'이라는 개념이 사라지고 한 번에 모든 선수가 드래프트에 참여하고 각 팀은 전년도 팀 순위에 따라 하위권 팀부터 우선 지명 순서를 갖는다. 전면 드래프트 실시 후, 지역 아마야구 지원에 대한 문제들이 대두되면서 2014 신인 드래프트부터는 다시 1차 지명이 부활했다.

2) 지명 방식

신인 드래프트에서 모든 팀이 한 번씩 지명하는 것을 1라운드라고 한다. 홀수 라운드 때는 전년도 성적의 역순으로 지명하고, 짝수 라운드 때는 전년도 순위 순으로 지명하는 'ㄹ'자 방식으로 진행한다.

전면드래프트는 총 10라운드로 진행된다. 각 구단마다 최대 10명의 선수를 뽑을 수 있다는 의미이다. 구단은 마음에 드는 선수가 없을 때 자신의 순번을 패스할 수 있다. 드래프트에 참가한 선수가 구단의 지명을 받았다고 해서 반드시 입단해야 하는 것은 아니다. 대학에 진학하거나 아예 입단을 포기하는 경우도 있다. 고졸 선수가 구단의 지명을 받았는데 대학에 진학하는 경우라도 지명권이 유지되기 때문에, 그는 해외진출을 하지 않는 이상 대졸 후 지명 구단에 입단해야 한다.

반면, 고졸 및 대졸 선수들이 신인 드래프트에서 구단의 지명을 받지 못하면 바로 실업자 신세가 된다. 프로야구 선수로서 취업하려면 구단의 지명을 받고 입단해야 하기 때문이다.

2. 야구선수의 취업률

1) 분석 방법

야구선수의 취업률을 알아보기 위해서는 조사 기간 대상을 정하고 그 기간에 드래프트에 참가한 인원, 지명된 인원, 입단 인원 등을 알아야 한다. 〈표 5-2〉는 그 현황을 보여 주고 있다. 조사 기간은 2005년부터 2017년까지이고 이 기간 동안 드래프트에 참가한 선수는 9,940명, 그중 구단에 지명을 받은 선수는 1,141명, 그 중 실제로 구단에 입단한 선수는 1,078명으로 나타났다. 그중 지명 선수 1,141명을 추적하고 1,078명의 선수생활 기록에 대한 전수조사를 실시하여 이들의 활약상을 토대로 확률을 구하였다.

2) 프로야구 입단 확률

프로구단의 지명을 받으면 야구 선수로서 취업에 성공한 것이다. 다시 말해 드래프트 참가 선수가 프로 구단에 입단하는 확률이 야구 선수의 취업률이라 할 수 있다. 야구 선수의 취업률은 2011년을 기준으로 10% 이하와 이상으로 나뉜다. 2011년 이전 취업률은 10% 미만이었으나 2011년부터는 10% 이상으로 증가했다. 취업률이 가장 좋았던 연도는 2014년(15.4%)이다. 이 시기는 10구단 체제가 구축되어 kt의 특별 지명 등으로 선수 수요가 많았으나 상대적으로 선수 공급 인원이 적었다. 그러므로 취업률이 높게 나타난 것이다.

〈표 5-2〉 2005~2017 신인 드래프트 현황

	2005		2006		2007		2008		2009	
	인원	확률	인원	확률	인원	확률	인원	확률	인원	확률
참가	700		729		715		806		750	
지명	67	0.096	73	0.100	73	0.102	62	0.077	73	0.097
입단	65	0.093	69	0.095	66	0.092	56	0.069	66	0.088

	2010		2011		2012		2013		2014	
	인원	확률	인원	확률	인원	확률	인원	확률	인원	확률
참가	749		708		777		675		720	
지명	76	0.101	78	0.110	92	0.118	95	0.141	117	0.163
입단	64	0.085	75	0.106	89	0.115	91	0.135	111	0.154

	2015		2016		2017		
	인원	확률	인원	확률	인원	확률	
참가	789		884		938		
지명	115	0.146	110	0.124	110	0.117	평균 : 11.48%
입단	113	0.143	109	0.123	104	0.111	평균 : 10.84%

반면, 취업률이 가장 낮게 나타난 해는 2008년이었다. 2008년 신인드래프트 때는 선수 공급 인원이 806명으로 2005~2015년 중에 가장 많았으나 가장 적은 인원이 입단했다. 그래서 취업률이 낮게 나타났다. 당시 입단한 이후 현재까지 맹활약을 펼치고 있는 선수는 이형종, 정찬헌, 김태군, 나지완, 김선빈, 장성우, 전준우, 김재환, 홍상삼, 김용의, 모창민 등이다. 조사 기간 동안 드래프트에 참가한 선수의 평균 지명 확률은 11.5%, 평균 입단 확률은 10.8%로 나타났다. 프로야구 선수로 취업할 확률이 10.8%인 것이다.

여기에서 평균 지명 확률, 평균 입단 확률 등에 대한 고민이 생긴다. 우리가 흔히 일상생활에서 무의식적으로 평균이라는 개념을 많이 쓰고 접하는데 '평균'을 잘 못쓰면 안 쓰는 것보다 못한 상황이 발생한다.

3) 여러 가지 평균

일반적으로 많이 사용하고 있는 '평균'이라는 개념에 대해 짚고 넘어가야 할 필요성이 있다. 배움의 기간이나 깊이와 상관없이 사람들이 가장 많이 쓰는 통계 용어가 평균이다. 평균은 여러 가지 수가 있을 때, 그 중간 정도의 어림값을 가늠할 수 있다는 의미를 지닌다.

하지만 평균의 이면에는 우리가 놓칠 수 있는 함정이 있으므로 평균에 접근할 때에는 신중하게 접근해야 한다. 통계분석에서 샘플을 추출할 때, 다른 값들 보다 확연하게 높거나 낮은 수치를 나타내는 표본을 이상치(outlier)라고 한다. 이상치가 발생하면 평균값은 의미가 없어진다.

〈표 5-3〉은 10명(A~J)의 소득 분포를 나타낸다. 10명 중에서 A부터 I 까

지의 소득은 2,000만 원 중반부터 3,000만 원 초반에 형성되어 있으나 J의 소득은 5억 원에 이른다. 이 경우 10명의 평균소득은 7,610만 원이 된다. J를 제외한 9명의 소득 분포가 2,000~3,000만 원인데 J의 높은 소득으로 인해 평균값이 급등한 것이다. 평균값으로 나타난 7,610만 원은 10명의 소득 중 어느 값과의 근사치도 아니다. 결국 아무 의미 없는 수치다.

〈표 5-3〉 10명의 소득 분포

	A	B	C	D	E
연소득(만 원)	2,500	2,700	2,700	3,000	3,100
	F	G	H	I	J
연소득(만 원)	3,100	2,800	3,000	3,200	**50,000**

이 경우에는 중간에 위치하는 '중위(中位) 값'을 찾는 것이 소득 분포의 중간 어림값을 가장 정확하게 설명할 수 있다. 이 소득 분포의 중위 값은 3,000만 원이고, 이는 평균값인 7,610만 원보다 더 정확하게 소득 분포의 양상을 설명해 준다. 10명의 소득 중에 J와 같이 5억 원은 이상치이기 때문에 이 값을 포함하여 평균값을 도출하면 전체의 판세를 왜곡하는 결과가 나타난다.

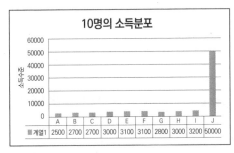

〈그림 5-1〉 10명의 소득 분포

갑자기 평균에 대한 이야기를 꺼낸 것은, 평균을 사용할 때는 올바른 용도로 정확하게 사용해야 한다는 것을 강조하기 위해서이다.

잘못 적용된 평균값을 연구보고서나 뉴스로 인용할 경우, 국민들은 혼란을 겪게 된다. 평균값 자체가 의미 없다는 것이 아니라 평균값을 어떻게 의미 있게 사용하는지가 중요하다는 것이다. 평균은 사용 목적과 방법에 따라 4가지로 구분할 수 있다.

❶ 산술평균

일상생활에서 사람들이 보통 평균값이라고 사용하는 평균을 말한다. 산술평균은 주로 덧셈의 의미를 본질로 유지할 때 사용한다. n개의 평균을 구할 때, 모든 수를 더하고 n개로 나누는 방식이다.

❷ 기하평균

산술평균이 덧셈의 의미를 본질로 유지할 때 사용한다면 기하평균은 곱셈의 의미를 본질로 유지할 때 사용한다. '같은 수를 두 번 곱한 값이 x와 y를 곱한 값과 같게 한다면 그 수는 무엇인가?'를 구하는 계산 방식이다. 주로 '경제성장률'처럼 성장률을 구할 때 사용한다.

❸ 제곱평균

제곱평균은 각 데이터를 제곱하여 더하고 총 개수로 나눈 뒤에 루트를 취하는 방법이다. 주로 표준편차를 구할 때 사용한다. 식으로 쓰면 $\sqrt{\dfrac{x^2 + y^2}{2}}$ 인데 이는 표준편차를 의미한다.

❹ 조화평균

조화평균은 시간과 속도의 관계를 다룰 때 사용한다. '갈 때 시속 $x$km로, 올 때 시속 y km로 이동했다면 평균 시속 몇 km로 이동한 것인가?'를 구하는 방식이다. 수식으로는 나타내면 $\frac{2xy}{x+y}$ 라고 쓴다. 고등학교 수학 시험에 이 문제가 나오면 항상 틀렸던 기억이 있다. 그래서인지 필자에게는 조화롭지 못한, 부조화 평균으로 인식된다.

3. 1군 진입 확률

1) 무한 경쟁 돌입

신인 드래프트를 통해 구단의 지명을 받은 선수들은 구단과 계약을 맺고 입단한다. 드디어 꿈에 그리던 프로야구 선수가 되는 것이다. 엄밀하게 말하면 프로구단 입단은 야구 선수로서의 종착지가 아니라 출발점이다.

한국 프로야구는 1군 리그(KBO리그)와 2군 리그(퓨처스리그)로 나뉘어 운영된다. 진정한 프로야구 선수가 된다는 것은 1군 리그에서의 활약을 의미한다. 신인 선수들은 입단 후 1군에 진입하기 위해 2군 리그에서 실력을 갈고 닦는다. 프로야구 한 팀의 선수는 총 65명인데 그중 1군 선수 등록은 27명까지 가능하다.[1] 신인선수들은 입단 후부터 프로선수로서 살아남기 위한 무한경쟁에 돌입하게 된다.

2) 1군 선수 진입 확률

조사기간 중에 1군에서 단 1경기라도 활약한 경험이 있는 선수들을 전수

---

1 2015년 1월 이사회를 열어 기존의 26명 등록, 25명 출전에서 27명 등록, 25명 출전으로 개정했다.

조사하여 프로야구 1군 리그 진입 확률을 구했다.

분석결과 2014년 신인 드래프트에서 선발된 선수들의 확률이 7.9%로 가장 높았다. 다음으로는 2012년(7.3%), 2009년, 2011년, 2015년(각 6.8%) 등의 순으로 나타났다. 조사시점 기준으로 연차 수가 낮은 2017년(2.9%), 2016년(5.1%) 등이 최하위로 나타났다.

조사기간 동안 프로야구 1군에서 단 1경기라도 출전한 선수의 평균 확률은 6.07%로 나타났다. 이를 반대로 해석하면 고등학교, 대학교에서 야구특기생으로 활약하고 있는 선수들 중 93.9%가 프로야구 1군 무대를 밟아 보지도 못하고 퇴출된다는 것을 의미한다.

〈표 5-4〉 2005~2017 프로야구 1군 진입 확률

	2005		2006		2007		2008		2009	
	인원	확률	인원	확률	인원	확률	인원	확률	인원	확률
참가	700		729		715		806		750	
1군 경험	42	0.060	45	0.062	42	0.059	45	0.056	51	0.068

	2010		2011		2012		2013		2014	
	인원	확률	인원	확률	인원	확률	인원	확률	인원	확률
참가	749		708		777		675		720	
1군 경험	43	0.057	48	0.068	57	0.073	40	0.059	57	0.079

	2015		2016		2017			
	인원	확률	인원	확률	인원	확률	평균 : 6.07%	
참가	789		884		938			
1군 경험	54	0.068	45	0.051	27	0.029		

4. 얼굴 알릴 확률

1) 팬들의 인식 정도

프로야구 선수로 데뷔한 후 100경기 이상 출전한 선수들은 프로야구 선수로서 어느 정도 역할이 있었다는 것을 의미한다. 100경기 이상 출전한 선수들의 입지는 팬들이 '이름은 들어본 것 같은데…'라는 정도의 반응을 보이는 선수들이다.

2) 1군 100경기 이상 출전 확률

앞선 분석 결과를 살펴보면 선수생활을 오래 지속하는 것과 프로야구 1군 진입 확률은 별다른 상관관계가 없었다. 하지만 1군 100경기 이상 출전 확률 분석 결과 선수생활 기간과 1군 100경기 이상 출전 확률은 상관관계가 있는 것으로 나타났다.

〈그림 5-2〉 2005~2017 프로야구 1군 100경기 이상 출전 선수 확률 추세

〈그림 5-2〉와 〈표 5-5〉는 2005년부터 2017년까지 프로야구 1군 100경기 이상에 출전 선수들의 연도별 확률분포를 나타낸 것이다. 2005년에 가까울수록 확률이 높고 2017년에 가까울수록 확률이 낮은 것을 볼 수 있다.

조사기간 동안 프로야구 1군에서 100경기 이상 출전한 선수들의 평균 확률은 2.34%로 나타났다. 물론 이 수치는 프로야구 구단에 입단한 선수 중 1군 리그 100경기 이상 출전한 선수가 아니라 신인 드래프트에 참여한 고교 및 대학에서 엘리트 야구를 했던 선수 중에 프로야구 1군 리그에 진입하여 100경기 이상 출전할 확률을 나타낸 것이다.

〈표 5-5〉 2005~2017 프로야구 1군 100경기 이상 출전 선수 확률

	2005		2006		2007		2008		2009	
	인원	확률	인원	확률	인원	확률	인원	확률	인원	확률
참가	700		729		715		806		750	
100경기 이상 출전	26	0.037	29	0.040	21	0.029	24	0.030	25	0.033

	2010		2011		2012		2013		2014	
	인원	확률	인원	확률	인원	확률	인원	확률	인원	확률
참가	749		708		777		675		720	
100경기 이상 출전	16	0.021	22	0.031	22	0.028	15	0.022	12	0.017

	2015		2016		2017		
	인원	확률	인원	확률	인원	확률	
참가	789		884		938		평균 : 2.34%
100경기 이상 출전	8	0.010	4	0.005	1	0.001	

5. 주전 선수 확률

1) 주전 선수의 정의

애초에 이 분석을 시작한 것은 프로야구에서 주전 선수가 되는 것이 얼마나 어려운지를 알고 싶기 때문이었다. 막상 분석에 돌입하니 주전 선수의 정의를 내리는 데 고민이 많았다. 고민 끝에 생각해낸 것이 '규정투타'를 채운 경우이다.

야구에서 '규정투타'는 규정 투구 횟수(투수)와 규정타석수(타자)를 의미한다. 타자는 홈런, 안타, 도루 등 자신의 성과를 구체적인 개수로 셀 수 있다. 하지만 타율, 출루율, 장타율 등 확률을 나타내는 숫자는 숫자 자체로는 별 의미가 없다.

예를 들어, 어떤 타자가 한 시즌에 5타수 4안타를 기록하면 타율은 0.800이지만 매우 적은 타수 때문에 그 타율은 신뢰를 얻지 못한다. 그러므로 리그에서는 경기 수에 따라 공식 기록으로 인정받을 수 있는 타석수를 규정하게 된다. 그것이 규정타석수이다.

KBO리그의 규정타석수 산출 방식은 '(경기 수×3.1)'이다. 2015년 이후 KBO리그의 경기 수가 144경기이므로 한 시즌이 종료되었을 때 타자가 446.4타석 이상 채우면 자신의 기록들을 인정받을 수 있다.

2군 리그인 퓨처스리그의 규정타석수는 '(경기 수×2.7)'이다. KBO리그에서는 규정타석을 계산할 때 소수점 이하는 생략한다. 반면, 메이저리그(MLB)와 일본 프로야구(NPB)에서는 소수점을 반올림하여 적용한다.

한 가지 주의할 점은 타석수와 타수의 차이다. 타석수는 타자가 투수의 공을 치기 위해 타석에 들어서는 횟수이고 그중에서 투수와 정면 승부가 되지 않은 부분(볼넷, 몸에 맞는 볼, 희생타)을 제외한 타석수를 타수라고 한다.

투수의 경우 팀의 경기 수만큼 이닝 수를 채우면 규정투구수가 된다. 144경기일 경우 시즌 종료 후 144이닝 이상을 투구해야 규정투구수로 인정받는다.

프로야구에서 규정투타수를 채웠다는 것은 주전 선수로서 활약을 펼쳤다는 의미가 되기 때문에 규정투타수를 주전 선수의 기준으로 삼았다. 그런데 이럴 경우 한 가지 문제가 되는 부분은 중간 및 마무리 투수들의 규정이닝이다. 2018 KBO 정규리그 우승팀인 두산 베어스의 최종 승률은 0.646이었다. 두산 베어스는 144경기 중 93승을 거두었다. 93승을 거두는 동안 마무리 투수가 투입되어 93경기 동안 1~1.5이닝을 던지며 모든 경기를 승리로 이끌었다고 쳐도 마무리 투수의 투구 이닝은 93~140이닝밖에 되지 않는다. 마무리 투수가 세이브를 기록하며 팀의 전승을 이끌어도 규정이닝을 채우지 못하는 것이다. 그렇다면 마무리 투수는 주전 선수가 아닌가? 이 질문에 대해 깊이 고민했고, 그 결과로 중간 및 마무리 투수들은 분석 대상에서 제외하기로 했다.

2) 주전 선수가 될 확률

2005 신인 드래프트 참가 선수들 중 규정투타를 채운 인원은 8명이고 그 확률은 1.1%였다. 이는 그해 신인 8명이 모두 규정투타수를 채웠다는 의미

가 아니다. 어떤 선수가 2005년에 입단하여 2017년까지 활약한 기간에 한 번 이상 규정투타를 채운 선수가 8명이라는 뜻이다.

2011년(708명), 2013년(675명)에 입단한 선수들 중에는 단 1명만 규정투타수를 채웠고, 2015년 입단한 선수 중에는 아직까지 규정투타수를 채운 선수가 없다. 그만큼 규정투타수를 채우는 것은 쉬운 일이 아니다. 다시 말해, 프로야구 주전 선수가 되는 것은 매우 어려운 일이다.

조사 기간 동안 신인 드래프트에 참가한 선수들의 0.68%만이 프로야구 주전 선수가 된 것으로 나타났다. 반대로 고졸 및 대졸 야구 특기생의 99.3%는 프로야구 주전 선수가 될 수 없다는 결론에 이르게 된다.

〈표 5-6〉 2005~2017 프로야구 규정투타 확률

	2005		2006		2007		2008		2009	
	인원	확률	인원	확률	인원	확률	인원	확률	인원	확률
참가	700		729		715		806		750	
규정투타 확률	8	0.011	12	0.018	8	0.011	10	0.012	11	0.015

	2010		2011		2012		2013		2014	
	인원	확률	인원	확률	인원	확률	인원	확률	인원	확률
참가	749		708		777		675		720	
규정투타 확률	4	0.005	1	0.001	6	0.008	1	0.001	3	0.004

	2015		2016		2017			
	인원	확률	인원	확률	인원	확률	평균 : 0.68%	
참가	789		884		938			
규정투타 확률	0	0.000	1	0.001	1	0.001		

6. 신인 주전 선수 확률

1) 놀라운 신인들

앞선 분석결과를 살펴보면 신인 드래프트에 참가한 선수들 중 KBO리그에서 주전 선수가 될 확률은 0.68%였다. 프로야구의 주전 선수가 되는 것은 확률적으로 정말 쉽지 않은 일이다.

그런데 데뷔하자마자 막강한 선배들을 제치고 주전 선수 자리를 꿰차는 경우도 있다. 놀라운 신인이다. 프로야구와 아마야구의 실력 차이를 고려한다면 실로 엄청난 일이기 때문에 그들의 기록을 분석하면서 경이로웠다. 먼저 입단한 선배들, 그리고 함께 입단한 동기들이 2군에서 실력을 향상시키고 있을 때, 그들은 데뷔하자마자 기존에 입단한 선배들을 제치고 프로야구 1군 주전 선수 자리를 꿰찬 것이다.

2) 신인이 바로 주전 선수가 될 확률

2006년에는 프로에 입단하자마자 신인 규정투타수를 채운 선수가 2명이나 있었다. 한기주(기아)와 류현진(한화)이다. 한화 이글스의 류현진은 신인이지만 최우수 선수상(MVP), 투수 부문 3관왕, 신인왕, 골든글러브를 동시에 수상했다. 이는 한국 프로야구 역사에서 전무후무한 일이다.

2009년에는 안치홍(기아) 선수가 신인으로서 규정타석수를 채웠다. 타율은 비록 0.235에 그쳤지만 14개의 홈런을 때리며 팀의 기대주로 관심을 모았다.

2012 신인 드래프트 선수 중 나성범(NC)은 특이한 경우이다. 2012 시즌

에 신생구단 특별 지명이 되었으나 9구단 체제가 시작된 2013년에 신인으로 규정타석을 채웠다.

2013년 같은 팀에 지명된 권희동 역시 규정타석을 채웠으나 타율은 0.203에 머물렀다.

2017 시즌에는 거물급 신인이 등장했다. 바로 이정후(넥센) 선수인데 그는 전 경기(144경기)에 출장하고 0.324의 준수한 타율을 기록하며, 2007년 이후 10년 만에 순수 고졸 신인왕을 거머쥐었다. 참고로 야구 천재인 그의 아버지(이종범 해설위원)는 신인왕을 수상하지 못했다.[2]

〈표 5-7〉 2005~2017 프로야구 신인 규정투타 확률

	2005		2006		2007		2008		2009	
	인원	확률	인원	확률	인원	확률	인원	확률	인원	확률
참가	700		729		715		806		750	
규정투타 확률	0	0.000	2	0.003	0	0.000	0	0.000	1	0.001

	2010		2011		2012		2013		2014	
	인원	확률	인원	확률	인원	확률	인원	확률	인원	확률
참가	749		708		777		675		720	
규정투타 확률	0	0.000	0	0.000	1	0.001	1	0.001	0	0.000

	2015		2016		2017			
	인원	확률	인원	확률	인원	확률	평균 : 0.05%	
참가	789		884		938			
규정투타 확률	0	0.000	0	0.000	1	0.001		

---

2 이종범이 데뷔한 1993년에는 양준혁(삼성)이 신인왕을 수상했다.

조사 기간 동안 신인 선수가 바로 주전 선수로 출전한 경우는 6명이었으며 이를 확률로 계산하면 평균 0.05%인 것으로 나타났다.

Ⅲ. 사법시험 합격 확률

1. 사법시험? 사법고시?

'사법시험 수석 합격자'에 관한 기사는 1년에 한 번씩 신문지면을 장식하면서 많은 화제를 낳는다. 그런데 '사법시험'과 '사법고시' 중 어떤 것이 맞는 말일까?

법무부 등 정부관계기관에서 일원화하여 사용하는 정식명칭은 '사법시험'이다. 사법시험은 판사나 검사 등 법조 관련 공직자를 선발하는 시험이 아니라 법조인이 될 자격을 검정하는 시험이기 때문에 사법고시가 아니라 사법시험이 맞는 표현이다.

하지만 국어사전에서는 '고시'(高試)를 '행정 고급 공무원 또는 법관, 검사, 변호사의 자격을 검정하기 위하여 실시하던 자격시험'이라고 정의한다. 국어사전의 정의에 따르면 '사법고시'도 맞는 표현이다. 하지만 법무부에서 '사법시험'을 정식용어로 인정하므로 본고에서도 '사법시험'이라고 통일하기로 한다.

사법시험은 2017년에 마지막 합격자들(55명)을 배출하고 역사의 뒤안길로 사라졌지만, 그동안 우리 사회에서 '사법시험 합격'이라는 명함은 인생의 장밋빛 미래를 약속하며 신분상승의 징검다리가 되었다.

'낙타가 바늘구멍을 통과할 확률', '개천에서 나온 용' 등의 말은 사법시험 합격의 어려움과 합격 후 누리는 보상을 제대로 보여 주는 비유이다.

1972년에 사법연수원을 수료한 1기(사법시험 11회)는 1차 시험 응시자가 2,561명, 2차 시험 응시자가 930명이었다. 최종적으로 이 과정을 통과한 32명이 사법연수원을 수료하여 판사 6명, 검사 5명, 변호사 19명, 기타 2명 등을 배출했다. 여기에서 기타는 안기부(現 국가정보원)와 같은 기관에서 근무하는 것을 의미한다. 사법연수원 수료 인원이 100명을 넘은 1982년(112명)에도 한해에 임용되는 판사는 44명, 검사는 26명, 변호사는 40명 수준이었다.

법학전문대학원 설치가 논의된 2003년(24,491명) 이후인 2004년에는 사법시험 응시자의 수가 1만 5,000명대로 감소했다. 법학전문대학원 제도 도입이 확정되어 사법시험 폐지가 결정된 2007년 전후인 2005년부터 2010년까지는 1만 7,000~1만 8,000명 수준을 유지하다가 2012년 이후에는 응시자 수가 1만 명 미만으로 급격하게 줄어들었다.

2. 사법시험 VS 프로야구 신인 드래프트

1) 유사점

사법시험과 프로야구 선수되기, 이 두 과정에는 유사점과 차이점이 존재한다. 사법시험과 프로야구 신인 드래프트의 유사점은 다음과 같다.

첫째, 어떤 목적을 이루기 위해 참가자들이 스스로 경쟁에 뛰어들었다는 점이다. 사법시험은 응시 요건 중에 학력 제한이 없다. 하지만 대부분의 응시자는 대학 재학생이거나 졸업생이다. 대학 입학이라는 관문을 통과한 후에 스스로 사법시험 준비에 뛰어드는 것이다. 이후 그들은 사법시험 합격이라는 하나의 뚜렷한 목표를 향해 매진한다. 프로야구 신인 드래프트에 참가하는 선수들 역시 어릴 때부터 야구 특기생으로 프로야구 진입 및 야구선수로서의 성공을 위해 스스로 경쟁구도에 참여한다.

둘째, 목표하는 바를 이루지 못했을 경우 별다른 대안이 없다는 점이다. 대학 졸업 후 대기업 취업을 희망하는 구직자들은 A라는 대기업에 지원 후 낙방하여도 B나 C라는 대기업이 대체재처럼 존재한다.

하지만 사법시험 합격과 프로야구 선수되기를 희망하는 집단은 이런 선택이 불가능하다.

물론 사법시험을 준비하다가 7·9급 공무원 시험에 응시하고 합격하는 경우도 있으나 이는 동일선상의 대체재라고 할 수 없다. 프로야구에 진입하지 못하는 선수들도 야구와 관련된 다른 일을 직업으로 선택할 수는 있지만 이 역시 동일선상의 대체재는 아니다.

이는 두 과정의 진입구조가 모두 본인이 성취하려는 바를 이루려고 준비하는 동안의 기회비용이 매우 크다는 것을 의미한다.

2) 차이점

차이점도 있다.

첫째, 도전 기회의 유무이다. 사법시험은 올해 안 되면 내년에, 그것도 아니면 그 다음 해에 기회가 있다. 본인 외에는 누구도 그 기회를 박탈하지 않는다. 하지만 프로야구 신인 드래프트는 고졸이든 대졸이든 공식적인 기회가 단 한 번뿐이다. 물론 나중에 육성 선수[3]로 프로야구 리그에 재진입할 기회를 얻기도 하지만 그 확률은 지극히 낮다.

둘째, 시간차의 유무이다. 사법시험은 최종 시험까지 통과하면 사법연수원에 들어간 후 연수원 성적을 중심으로 순위 및 임용이 결정되기 때문에 사법시험 합격 후 데뷔까지 2년이라는 시간차(lag)가 발생하지만 프로야구 신인 드래프트를 통과하면 졸업 예정과 동시에 데뷔하게 된다.

3. 사법시험 합격 확률 구하기

1) 3가지 제약 조건

사법시험 합격 확률을 구하는 데에는 3가지의 제약 조건이 있다. 이를 감안해서 확률을 구해야만 비교적 정확한 분석이 가능하다.

첫째는 기간이다. 앞서 프로야구 선수되기 확률을 파악하는 조사 기간은 2005년부터 2017년까지 13년이었다. 그런데 사법시험 합격 확률을 구하는 데 동일한 기간을 적용하는 것은 의미가 없다.

전술(前述)했듯이 사법시험은 2017년을 마지막으로 역사의 뒤안길로 사라졌다. 물론 55명의 합격자들이 있지만 역대 응시인원과 합격인원을 고려했을 때 합격자 55명은 일반적인 수치가 아니다.

2003년부터 법학전문대학원 제도의 도입이 논의되었기 때문에 이때부

---

3 2015년 이전까지는 '신고선수'(申告選手, 일명 연습생)라고 명명했다. KBO리그 각 팀의 정식 등록선수는 65명인데, 그들은 여기에 포함되지 않고 최저연봉(2,700만 원)도 보장받지 못한다. 하지만 장종훈, 한용덕(이상 한화) 등은 신고선수 출신으로 연습생 신화를 썼다.

터 사법시험 준비생들은 사법시험에 계속 도전할지, 그만할지에 대한 고민이 깊었다. 2007년 법학전문대학원 설치에 대한 법률이 통과되면서 사법시험 준비생들은 한 번 더 크게 동요했다. 그러므로 사법시험 합격 확률을 구하는 기간의 끝을 2007년까지로 정하는 것이 합리적이라고 판단했다. 이 연도를 기점으로 거꾸로 환산하여 프로야구 선수되기 확률 구하는 기간과 동일하게 13년(1995~2007년)을 적용하기로 한다.

둘째는 시간차(lag)의 고려이다. 사법시험의 응시연도에서 합격한 후 판·검사로 임용되거나 변호사가 되는 기간에는 시간차(lag)가 존재한다. 이는 연수원 기간 때문이다. 예를 들어, 2007년 사법시험 응시자가 시험에 합격하여 판·검사로 임용되는 확률을 구할 때에는 2007년 응시자가 합격하여 연수원을 수료하는 연도인 2010년의 임용 확률을 구하는 것이다.

또 한 가지 살펴보아야 할 점은 1차에서 2차로, 2차에서 최종으로 넘어가는 합격 과정이다. 예를 들어, 2000년 시험에는 응시자, 1차 합격자, 2차 합격자 등이 있다. 2000년 사법시험 응시자 중에 한 번에 1차 합격을 하는 경우도 있고 여세를 몰아 동차합격[4]까지 하는 경우도 있다. 하지만 2000년 2차 합격자가 언제 1차 합격을 했는지는 알 수 없다. 이런 점을 고려하여 동일연도의 응시자, 1차 합격자, 2차 합격자를 동일선상에서 분석하기로 한다. 즉, 2000년의 응시자 10,000명, 1차 합격자 1,000명, 2차 합격자 100명이라고 한다면 2000년의 1차 합격률은 10%, 2차 합격률은 1%가 되는 방식이다.

셋째는 군법무관 복무 후의 거취이다. 사법연수원 수료 후 군법무관 복무

---

4 한 해 동안 사법시험 1차·2차를 한 번에 합격하는 것을 의미한다.

를 마치고 다시 판·검사로 임용되는 사례에 대해서는 법무부 내부 자료로만 확인이 가능하다. 그러므로 판·검사 임용 확률을 구할 때 군법무관 복무 후 판·검사로 임용되는 인원은 제외한다.

2) 확률 구하기

❶ 사법시험 1차 합격 확률

3가지 제약 조건을 토대로 사법시험 합격 확률을 구하면 다음과 같다. 다음의 〈표 5-8〉은 1995년부터 2007년까지 사법시험 1차 합격자의 확률을 나타낸다.

〈표 5-8〉 1995~2007 사법시험 1차 합격자 확률

연도	1995	1996	1997	1998	1999
응시자 수(명)	19,934	22,770	20,550	15,670	17,301
1차 합격자 수(명)	1,053	1,250	1,867	2,662	2,127
확률(%)	5.28	5.49	9.09	16.99	12.29
연도	2000	2001	2002	2003	2004
응시자 수(명)	16,218	22,365	24,707	24,491	15,446
1차 합격자 수(명)	1,985	2,406	2,640	2,598	2,692
확률(%)	12.24	10.76	10.69	10.61	17.43
연도	2005	2006	2007	1995~2007	
응시자 수(명)	17,642	17,290	18,114		
1차 합격자 수(명)	2,884	2,665	2,808	평균 : 12.16%	
확률(%)	16.35	15.41	15.50		

(자료 : 법무부)

1995~1996년에는 5%대였던 1차 합격자의 확률이 1997년을 거쳐

1998년부터는 10% 이상으로 급증한다. 이는 2000년을 제외하고 1차 합격자의 수가 2,400~2,800명 선으로 2배 이상 증가했기 때문이다. 5%대의 합격률을 기록한 1995~1996년을 제외한 평균값은 13.4%였으나 조사기간의 전체 평균값은 12.16%로 나타났다.

❷ 사법시험 2차 합격 확률

사법시험 2차 합격 확률은 〈표 5-9〉와 같다. 다만, 여기서 주의할 것은 사법시험 2차 합격 확률은 2차 시험 응시자 중 2차 시험 합격자의 비율을 나타낸 것이 아니라는 점이다. 왜냐하면 하나의 경쟁시장에 참여하여 그 과정을 통과하는 것은 전체 집단의 수에서 해당 단계에 남아 있는 수를 나타내기 때문이다.

예를 들어, 사법시험의 최종관문인 3차 시험 같은 경우는 2005년 100% 합격(1,001명 중 1,001명 합격), 2006년 99.2% 합격(1,002명 중에 994명 합격), 2007년 98.9% 합격(1022명 중에 1011명 합격) 등의 합격률을 나타낸다. 이렇듯 전체 집단의 수에서 해당 단계에 남아 있는 수에 대한 확률을 구하면 사법시험은 차수를 거듭할수록 합격률이 높아지는 역설적인 결론에 도달하게 된다.

그러므로 응시자 수는 해당 차수 시험의 응시자 수를 적용하는 것이 아니라 그해 사법시험 응시자 수를 적용하는 것이 논리적으로 타당하다.

〈표 5-9〉 1995~2007 사법시험 2차 합격자 확률

연도	1995	1996	1997	1998	1999
응시자 수(명)	19,934	22,770	20,550	15,670	17,301
1차 합격자 수(명)	308	503	604	700	709
확률(%)	1.55	2.21	2.94	4.47	4.10

연도	2000	2001	2002	2003	2004
응시자 수(명)	16,218	22,365	24,707	24,491	15,446
1차 합격자 수(명)	801	991	999	905	1009
확률(%)	4.94	4.43	4.04	3.70	6.53

연도	2005	2006	2007	1995~2007	
응시자 수(명)	17,642	17,290	18,114	평균 : 4.30%	
1차 합격자 수(명)	1,001	1,002	1,008		
확률(%)	5.67	5.80	5.56		

(자료 : 법무부)

조사기간 동안의 자료 분석 결과, 사법시험 2차 합격률은 1%대부터 6%
대까지 다양하게 나타났다. 1차 합격자처럼 시간이 흐를수록 2차 합격자의
수도 증가했기 때문이다. 합격률이 적은 1995-1996년을 제외한 평균값은
4.74%, 조사기간 전체의 합격률은 4.30%로 나타났다.

❸ 연수원 수료 후 판사, 검사, 군법무관 임용 확률

사법시험 합격자가 연수원을 수료하면 사법시험 성적과 연수원 성적을
합산하여 최종 점수가 나온다. 그 점수에 따라 그들은 판사, 검사, 군법무관
등으로 임용된다. 그런데 군법무관이 되었다고 해서 판사나 검사를 못하는
것은 아니다. 군법무관을 마친 후에도 자신의 성적과 의지에 따라 판사 또

는 검사로 임용될 수 있다.

하지만 군법무관들이 몇 년 후에 판사, 검사로 임용되었는지, 그 수가 얼마나 되는지에 대해서는 법무부에 내부 자료가 존재하지만 일반적인 자료는 공개되지 않는다. 그러므로 여기에서는 판사, 검사, 군법무관으로 임용된 수를 합하여 사법시험 합격 후 임용 확률로 정한다.

〈표 5-10〉 1996~2007 판사, 검사, 법무관 임용 확률

연도	1995	1996	1997	1998	1999
응시자 수(명)	19,934	22,770	20,550	15,670	17,301
1차 합격자 수(명)	181	279	325	351	339
확률(%)	0.91	1.23	1.58	2.24	1.96

연도	2000	2001	2002	2003	2004
응시자 수(명)	16,218	22,365	24,707	24,491	15,446
1차 합격자 수(명)	361	336	327	351	334
확률(%)	2.23	1.50	1.32	1.43	2.16

연도	2005	2006	2007	1995~2007	
응시자 수(명)	17,642	17,290	18,114		
1차 합격자 수(명)	328	364	370	평균 : 1.74%	
확률(%)	1.86	2.11	2.04		

(자료 : 법무부)

위의 〈표 5-10〉은 판사, 검사, 법무관 임용 확률을 나타낸다. 그 임용 확률은 평균 1.74%로 나타났다.

❹ 판사 임용 확률

역대 사법시험(1~52회) 수석의 영예를 차지한 사람들(52명)의 선택을 살

---

5 판사 128명, 검사 53명 임용을 합한 수이므로 다소 낮게 나옴. 그해의 법무관 임용 수는 찾을 수 없었음

펴보면 판사 28명, 검사 11명, 군법무관 1명, 변호사 12명 등으로 나타났다. 법조계 지인들의 전언을 들어 봐도 사법연수원 성적 최상위권에 속한 사람들은 주로 판사를 지망한다고 한다.

물론 최상위권 성적을 거두고도 로펌 등으로 가서 변호사 활동을 하는 경우도 더러 있지만 그것은 일반적인 경우가 아니므로 제외하기로 한다. 이런 상황을 바탕으로 사법연수원 최상위권이 모두 판사를 지원했다는 가정하에 판사 임용 확률을 살펴보고자 한다. 여기에서 살펴보는 판사 임용 확률은 군법무관 복무 후 판사로 임용된 사례는 제외한 것이다.

다시 한 번 강조하지만 사법연수원 수석이나 최상위권의 성적에 속한 사람들 중에도 검사나 변호사를 지망하는 사람들도 있다. 단 한 차례이긴 하지만 사법시험 전체 수석을 차지한 사람이 군법무관에 지원한 경우도 있다.

판사 임용 확률은 실제로 판사가 된 사람이 얼마나 되는지를 알고 싶은 것보다 사법시험 합격자 중에 최상위권에 속한 그룹의 확률을 알아보기 위한 것이다. 그러므로 "사법연수원 수석 졸업자가 검사나 변호사를 지망한 것은 어떻게 해석할 것인가?"에 대한 질문은 논의 거리가 아니라는 점을 다시 한 번 밝혀 둔다.

〈표 5-11〉은 1995년부터 2007년까지 판사 임용 확률을 나타내며 그 평균값은 0.53%이다.

〈표 5-11〉 1995~2007 판사 임용 확률

연도	1995	1996	1997	1998	1999
응시자 수(명)	19,934	22,770	20,550	15,670	17,301
1차 합격자 수(명)	128	74	100	109	114
확률(%)	0.64	0.32	0.49	0.70	0.66

연도	2000	2001	2002	2003	2004
응시자 수(명)	16,218	22,365	24,707	24,491	15,446
1차 합격자 수(명)	109	112	96	91	90
확률(%)	0.67	0.50	0.39	0.37	0.58

연도	2005	2006	2007	1995~2007	
응시자 수(명)	17,642	17,290	18,114	평균 : 0.53%	
1차 합격자 수(명)	95	92	89		
확률(%)	0.54	0.53	0.49		

(자료 : 법무부)

IV. 서울대 입학 확률

전국 대다수의 초중고 학생들이 공교육, 사교육을 따지지 않고 열심히 공부하는 것은 명문대학교 입학을 위한 것임을 부인할 수 없다. 그렇다면 국내의 명문대 중에서도 서울대학교에 입학하는 것은 얼마나 어려운 것일까? 이를 객관적인 수치로 나타내기 위해 서울대 입학 확률을 구해 보기로 한다.

1. 서울대 입학 정원

서울대의 입학 확률을 알기 위해서는 대한민국 전체 수험생의 수와 서울대 입학 정원을 알면 쉽게 구할 수 있다. 그런데 서울대의 입학 정원을 알아내는 것은 생각만큼 쉬운 일이 아니었다. 서울대 입학 정원을 연도별로 한 번에 정리한 자료가 없기 때문이었다. 고심 끝에 다음과 같은 방법으로 서울대 입학 정원을 산출하였다.

1) 1965년에서 2009년까지는 서울대 입학처에서 제공하는 자료 적용
2) 2009년 이후의 자료는 전체 입학 정원 참조
3) 2013~2016년은 '대학 알리미'를 참조
4) 2017년 자료는 '서울대 총동창 신문'에 수록된 2월 기준 입학 정원 참조
5) 학력고사 및 예비고사 지원자는 교육통계연보 참조
6) 1994년 수능 첫 해는 1, 2차 응시 인원 평균치 적용

이런 과정을 거쳐서 서울대 입학 정원을 산출하였다. 1965년부터 2017년까지 서울대 입학 정원이 역대 최소였던 해는 1966년(2,565명)이었고, 입학 정원이 최대였던 해는 1981년(6,530명)이었다. 그 뒤를 이어 1982~1983년(각 6,526명)에 입학 정원이 많았고 이후 1985년부터는 4,000명대(4,900명)로 줄어들었다.

2. 서울대 평균 입학 확률

1982년부터 2017년까지 36년간 서울대 평균 입학확률은 0.57%였다. 그러나 이것이 전국 1등부터 상위 0.57%에 해당하는 순위까지 서울대에 입

학한다는 의미는 아니다. 서울대학교 역시 학과에 따라서 성적이 상·하위권으로 나뉘기 때문이다.

전국 석차 500등이 서울대에 지원했다가 떨어질 수도 있다. 반면, 전국 석차 5,000등이 서울대에 합격할 수도 있다. 결론적으로 서울대 평균 입학 확률인 0.57%는 전체 수험생 중에서 서울대 입학 정원이 차지하는 단순 비율을 나타내는 것이다.

0.57%라는 수치는 1982년부터 2017년까지 36년간의 서울대 입학 확률의 평균 수치이다. 프로야구 선수 분석의 조사 기간은 2005년부터 2017년까지 13년이었다.

동일 기간(2005년부터 2017년까지 13년간) 서울대 입학 확률(서울대 입학 정원을 수험생 전체로 나눈 수치)은 〈표 5-12〉와 같다. 이 기간에 서울대 입학 확률의 평균값은 0.54%로 나타났다.

다만 서울대 입학 확률이 프로야구 선수되기 확률, 사법시험 확률과 다른 것은 경쟁에 참여하는 대상자들이 적극적인 의지가 있느냐의 여부이다. 그러므로 프로야구 선수되기, 사법시험 통과가 참여자들의 능동적 확률이라면 서울대 입학 확률은 수험생들의 수동적 확률이라고 할 수 있다.

〈표 5-12〉 2005~2017년 서울대 입학 확률

연도	서울대 입학정원(명)	대입 응시 인원(명)	확률(%)
2005	3,260	574,218	0.57
2006	3,260	570,583	0.57
2007	3,162	551,884	0.57
2008	3,162	550,588	0.57
2009	3,129	559,475	0.56
2010	3,159	638,216	0.49
2011	3,156	668,991	0.47
2012	3,158	648,946	0.49
2013	3,188	621,336	0.51
2014	3,398	606,813	0.56
2015	3,330	594,835	0.56
2016	3,337	585,332	0.57
2017	3,193	552,297	0.58
평균	3,222	594,116	**0.54**

V. 결론, 그리고 분석의 부산물

1. 소결

본격적으로 분석을 시작하기에 앞서 지인들에게 "프로야구 선수되기, 사법시험 합격, 서울대 입학 중에 어떤 것이 더 어려울 것 같은가"라는 질문을 던져 봤다. 지인들의 50% 이상이 사법시험 합격을 꼽았다. 사법시험 합격

이 주는 무게감 때문인 것 같다. 이를 좀 더 구체적으로 분석하기 위해 프로
야구 선수되기는 6단계, 사법시험 합격은 4단계로 나누었고 서울대 입학은
하나의 기준으로 분석했다.

프로야구 선수되기의 분석을 위해 2005년부터 2017년까지 신인 드래프
트에서 지명된 선수 1,141명에 대한 추적을 했고 입단한 1,078명의 기록을
전수조사했다. 이를 프로야구단 지명, 프로야구단 입단, 프로야구 1군 1경
기 이상 출전, 프로야구 1군 100경기 이상 출전, 프로야구 주전 선수되기,
프로야구 신인이 바로 주전 선수되기 등 6단계로 나누었다.

사법시험 합격의 분석을 위해서는 1995년부터 2007년까지의 1차 합격,
2차 합격, 판·검사 및 법무관 임용, 판사(사법 연수원 최상위) 임용 등 4단
계로 나누었다.

〈표 5-13〉 프로야구 선수, 사법시험 합격, 서울대 입학 확률

순위	내용	평균 확률(%)
1	프로야구 신인이 바로 주전 선수되기	0.05
2	판사(사법 연수원 최상위권) 임용	0.53
3	서울대 합격	0.54
4	프로야구 주전 선수되기	0.68
5	판사, 검사, 법무관 임용	1.74
6	프로야구 1군 100경기 이상 출전	2.34
7	사법시험 2차 합격	4.30
8	프로야구 1군 1경기 이상 출전	6.07
9	프로야구단 입단	10.84
10	프로야구단 지명	11.48
11	사법시험 1차 합격	12.16

총 11개의 단계 중 확률적으로 가장 어려운 것은 '프로야구 신인이 바로 주전 선수되기'(0.05%)였다. 그 다음으로 '판사(사법 시험 최상위권) 임용'(0.53%), '서울대 입학'(0.54%) 등이 뒤를 이었다. 프로야구의 신인 선수(고졸, 대졸)가 입단하자마자 바로 주전선수가 되는 확률(0.05%)은 판사 임용이나 서울대 입학하는 것보다 10배 이상 더 어려운 것으로 나타났다.

사족을 덧붙이자면 조사 기간인 13년(2005~2017) 동안 기록상 최고의 신인은 류현진(한화) 선수였고, 그 다음은 이정후(넥센) 선수, 한기주(기아) 선수로 나타났다.

2. 각 팀의 스카우트 실력

조사 기간 동안 프로야구 신인 드래프트에 지명된 1,141명에 대한 기록을 분석해 보니 프로야구단 중에 스카우트를 잘하는 팀과 그렇지 않은 팀이 분명히 존재했다. 그래서 각 구단이 고유하게 작성하는 스카우팅 리포트가 궁금해졌다.

스카우트를 잘했다는 기준은 무엇일까? 이를 고민하다가 프로야구 선수 데뷔 이후 조사 대상 연도 기준으로 선수 생활을 50% 이상 이어가는 선수의 수를 통해서 그 확률을 따져 보기로 했다.

예를 들어, 2009년 신인 드래프트에 참가하여 두산 베어스에 입단한 선수는 총 8명인데 그중 2017년 기준으로 50%에 해당하는 기간은 4.5년이다. 총 8명의 선수 중에 2017년 기준으로 4.5년 이상 선수 생활을 이어간 경우는 허경민(6년), 박건우(6년), 조승수(6년), 정수빈(8년), 유희관(7년) 등

5명이다. 8명 중 5명이므로 확률은 0.625가 된다. 이런 방식으로 조사 기간인 13년 동안의 수치를 분석하여 어느 팀의 스카우트 실력이 좋은지를 판단했다.

이 분석에서는 선수들의 입단 당시 구단과 현재의 소속구단이 다르다고 해도 큰 의미는 없다. 각 구단은 신인 선수를 지명할 때, 그 선수가 야구를 얼마나 잘할지를 기준으로 지명한다. 그러므로 우리 팀에서 오래 있을지, 다른 팀으로 이적할지는 판단 기준이 아니다. 어느 팀에 소속되어 있던지 선수 생활을 얼마만큼 유지했느냐가 이 분석의 중요한 요소이다.

조사 대상 구단은 현재의 10개 구단과 2005~2008년 KBO리그의 구단이었던 현대 유니콘스 등 총 11개 구단이다. 이 경우 기간 적용 연도가 짧고(현대, NC, kt) 신생구단 특별 지명을 실시(NC, kt)한 구단이 매우 유리한 위치에 있을 것으로 보인다. 이런 상황을 감안하더라도 각 구단의 스카우트 성적을 살펴보는 것은 나름 의미가 있다고 판단된다. 하지만 각 구단의 스카우트 팀에 미칠 영향을 고려하여 결과가 좋은 상위 5개 팀만 공개하기로 한다.

〈표 5-14〉 스카우트 성적이 좋은 구단

순위	구단	성공률(%)
1	넥센 히어로즈	0.414
2	kt 위즈	0.400
3	현대 유니콘스	0.379
4	한화 이글스	0.378
5	두산 베어스	0.353

1위는 넥센 히어로즈, 2위는 kt 위즈, 3위는 현대 유니콘스, 4위는 한화 이글스, 5위는 두산 베어스 등으로 나타났다. 그중 적용 기간과 특별 지명(kt 위즈)을 고려한다면 넥센, 한화, 두산 등이 타 구단에 비해 스카우트를 잘했다는 의미이다. 하지만 스카우트를 잘하고도 팀의 성적이 하위권에 머무는 경우는 감독(선수운용)이나 프런트(구단운용)가 잘 못했다는 의미이기도 하다.

3. 선수 개명

이번 분석을 진행하는 데 있어서 신인 드래프트 지명으로 구단에 입단한 1,078명의 선수들 기록을 전수조사하는 것은 매우 힘든 과정이었다. 그중 힘든 과정을 더욱 가중시킨 것은 개명한 선수들 때문이었다.

2005년부터는 법원에서 개명절차를 간소화하면서 프로야구 선수들 사이에서도 개명 열풍이 불었다. 개명한 일반인들에게 개명의 이유를 물어봤더니 '현실에 대한 불만족으로 인한 개명'(31%)이 가장 높은 비율을 차지했다. '부정적 발음이나 불편한 어감' 때문이라는 답은 11%에 그쳤다.[6]

프로야구 1군에 활동 기록이 남아 있는 선수들 중에 2005년 이후 개명한 선수들은 총 50명이었다. 물론 개명절차가 쉽지 않았던 2001년에 이름을 바꾼 문규현(롯데, 문재화), 박종윤(롯데, 박승종) 등도 있지만, 대부분의 선수는 2005년 이후 개명하였고, 2013년(11명)과 2014년(11명)에는 개명 열풍이 절정을 이루었다.

일반 국민에게 개명 이유를 물어본 조사 결과를 바탕으로 추측해 보면 개

---

6 "이름을 바꾼다고 인생이 달라질까? 내가 개명하려는 이유", 조선일보, 2016.10.17

명한 선수들은 이름 때문에 더 좋은 성적을 못 낸다고 판단한 것 같다. 즉, 프로야구에서 실력 못지않게 운이 많이 작용한다고 생각하는 것이다.

하지만 이번 분석을 통해 느낀 것이 있다. 프로야구 선수는 세상 어떤 직업군보다 실력이 선수의 성공을 좌우한다는 것이다. 그러므로 프로야구 선수로서 큰 성공을 바라는 마음이 있다면 개명뿐 아니라 야구에 대한 연구와 연습을 더 열심히 해야 한다.

4. 노후 준비

이번 분석의 대상이 된 프로야구 선수되기, 사법시험 합격, 서울대 입학 등 3가지는 모두 통과하기 매우 어려운 관문이다. 이들의 공통점은 고통을 이겨내면서 성공 가능성이 낮은 확률과 싸우며 자신의 목표를 성취해 가는 과정이라는 것이다. 하지만 이들의 차이점도 확연히 존재한다. 가장 대표적인 차이는 직업 종사 연수이다.

3가지 관문 중 사법시험 합격자의 직업 종사 연수가 가장 길다. 변호사 자격은 정년이 없기 때문이다. 다음으로는 서울대 입학자, 프로야구 선수 순이다.

인간의 기대수명은 점점 길어지고 일자리 찾기가 쉽지 않은 사회적 여건을 감안한다면 프로야구 선수들은 은퇴 후 인생 설계에 대한 철저한 준비가 필요하다.

한국프로야구 은퇴선수협회나 일구회 등 프로야구 은퇴선수 관련 단체는 회원들의 회비 및 온라인게임 퍼블리시티권(초상권, 성명권, 캐릭터 사용권 등) 수입으로 인해 금전적 여유가 있다. 그 자본을 활용하여 은퇴하는 프로야구 선수들이 인생 이모작을 설계할 수 있도록 체계적인 시스템을 구축해야 한다. 선수 개개인이 은퇴 후의 삶을 준비하는 것보다 관련 단체가 취업 및 창업 시스템을 개발하여 그들이 은퇴 후 직업 프로그램에 참여하 수 있도록 준비하는 것이 훨씬 더 효율적이기 때문이다.

6장

프로야구 선수 연봉,
어떻게 결정되는가?

Ⅰ. 2018 KBO리그 선수 연봉 현황

1. 프로야구 선수 연봉

KBO가 발표한 '2018 KBO 소속 선수 등록 현황'을 살펴보면, 감독 10명, 코치 234명, 선수 609명에 대한 연봉을 알 수 있다.

신인(2,700만 원 고정)과 외국인 선수를 제외한 513명의 평균 연봉은 1억 5,026만 원을 기록하며 역대 최초로 1억 5,000만 원을 돌파했다. 지난해(1억 3,985만 원)보다 7.4%p 상승한 수치다. 2017년 통합 우승팀인 기아 타이거즈는 팀 평균 연봉이 2억 120만 원으로 10개 구단 중 가장 높게 나타났다. 팀 평균 연봉이 2억 원을 넘은 것은 KBO리그 통산 최초이자 기아 타이거즈가 10개 구단 중 유일하다. 그 뒤를 롯데 자이언츠(1억 8,426만 원)가 이었다. 롯데 자이언츠는 KBO리그 전체 연봉 1위인 이대호(25억 원)의 소속팀이고 기아는 전체 연봉 2위인 양현종(23억 원)의 소속팀이다.

1군 선수라고 할 수 있는 구단별 상위 27명의 평균 연봉은 2억 5,560만 원으로 지난해 2억 4,187만 원에서 5.7%p 상승했다. 구단별로는 기아 타이거즈(3억 6,630만 원)와 롯데 자이언츠(3억 3,481만 원)가 3억 원을 넘기면서 1, 2위를 차지했다. 반면 지난해 가장 높은 평균 연봉(3억 4,159만 원)을 기록했던 한화 이글스는 2억 9,519만 원으로 전년 대비 13.6%p 감소하였다.

KBO리그에서 신인과 외국인 선수를 제외하고 1억 원 이상의 연봉을 받는 선수는 164명(32%)으로 역대 최다를 기록했다. 신인과 외국인 선수를 제외한 513명 중 평균 연봉(1억 5,000만 원)을 넘어선 선수는 124명

(24.2%)이었다. 또한, KBO리그의 구단별 상위 27명의 평균 연봉 수준인 2억 5,000만 원 이상을 받는 선수는 79명(15.4%)이었다.

2. 최고 연봉 기록

롯데 이대호는 연봉 25억 원으로 지난해에 이어 올해도 KBO리그 전체에서 최고 연봉 선수로 기록되었다. 기아 양현종은 23억 원으로 그 뒤를 이었다. 2017년에 15억 원의 연봉을 기록한 양현종은 53.3%p 인상률을 기록하며 20억 원 연봉 대열에 합류했다. KBO리그에서 20억 원대의 연봉을 받는 선수는 이대호와 양현종 2명뿐이다.

이대호는 기존에 삼성 이승엽과 LG 이병규(9)가 가지고 있던 18년 차 최고 연봉 기록인 8억 원을 훌쩍 뛰어넘었다. 양현종은 한화 김태균이 가지고 있던 12년 차 최고 연봉 기록 (15억 원)을 경신했다. 넥센 이정후는 2년 차에 연봉 1억 1,000만 원을 받으면서 2007년 한화 류현진의 기록(2년 차, 1억 원)을 11년 만에 경신했다.

연봉 인상률에 대한 신기록도 이어졌다. 롯데 손아섭은 FA 대박 계약에 성공하면서 지난해 받은 6억 5,000만 원에서 8억 5,000만 원 인상된 15억 원의 연봉을 받게 되었다. 이는 역대 연봉 최고 인상 신기록이다. 기존의 기록은 기아 최형우(2016년)와 한화 정우람 (2017년)이 세운 8억 원 인상이었다. 인상률 부분에서는 기아 임기영이 기록을 세웠다. 그는 팀 우승에 기여한 공로를 인정받아 3,100만 원(2017년)에서 1억 3,000만 원(2018년)으로 올라 319.4%의 인상률을 기록했다. 이는 2018 시즌 최고 인상률 1위와 역대 인상률 6위의 기록이다.

3. 부문별 최고 연봉

부문별 최고 연봉 선수는 〈표 6-1〉과 같다. 투수는 기아 양현종(23억 원), 포수는 삼성 강민호(10억 원), 1루수는 롯데 이대호(25억 원), 2루수는 한화 정근우(7억 원), 3루수는 SK 최정과 kt 황재균(이상 12억 원), 유격수는 두산 김재호(6억 5000만 원), 외야수는 기아 최형우와 롯데 손아섭(이상 15억 원), LG 김현수(14억 원), 지명타자는 한화 김태균(16억 원)[1]이다.

외국인 선수 최고 연봉은 2017시즌 다승 공동 1위와 승률 1위를 기록한 기아의 헥터(약 22억 원)였으며, 외국인 타자 최고 연봉은 삼성의 러프(약 16억 5,000만 원)가 차지했다.

〈표 6-1〉 2018 KBO리그 부문별 최고 연봉 현황

포지션	이름	소속팀	연봉(억 원)
투수	양현종	기아 타이거즈	23
포수	강민호	삼성 라이온즈	10
1루수	이대호	롯데 자이언츠	25
2루수	정근우	한화 이글스	7
3루수	최정, 황재균	SK, KT	12
유격수	김재호	두산 베어스	6.5
외야수	최형우	기아 타이거즈	15
	손아섭	롯데 자이언츠	15
	김현수	LG 트윈스	14
지명타자	김태균	한화 이글스	16
외국인 투수	헥터	기아 타이거즈	22
외국인 타자	러프	삼성 라이온즈	16.5

1 KBO 발표 자료에는 14억 원으로 되어 있으나 확인 결과 16억 원이 맞다.

II. 역대 연봉 변화

1. 원년 연봉[2]

새로운 조직이 설립되면 근로자들의 임금 수준을 결정해야 한다. 대부분의 경우 동일 직종이나 유사 조직의 임금 수준을 참고하여 결정하므로 유사 직종의 임금은 대개 비슷하다. 하지만 참고할 만한 선행 사례가 없다면 고민이 많아진다.

1982년 프로야구가 출범하면서 선수들의 연봉 기준을 정하는 작업도 마찬가지였다.

한국프로야구 출범 전년도인 1981년 당시 국가대표 수준의 선수들이 소속 실업 야구단에서 받는 연봉은 상여금을 포함하여 480~500만 원 수준이었다. 그런데 이를 프로야구 선수 연봉으로 도입하자니 고려할 사항이 생겼다. 바로 정년 문제였다.

실업 야구단 선수들은 야구를 그만두어도 그 직장 내에서 다른 일(사무직 등)을 하면서 정년까지 근무할 수 있지만, 프로선수는 그렇지 않았다. 그러므로 프로선수에 대한 보상은 실업 선수와 달라야 했다. 실업 야구선수가 몇 년 동안 벌 수 있는 돈을 프로야구선수는 1년에 벌 수 있도록 맞춰 줘야 했다. 그러므로 프로야구선수라면 실업 야구선수보다는 많은 연봉을 받아야 했다.

출범 당시 프로야구선수들의 연봉 기준이 된 것은 실업 야구 슈퍼스타였던 김봉연의 연봉이었다. 그는 1979년 한국화장품 야구단에 입단한, 실업

---

2 프로야구 탄생 비화 7, 홍순일, 2009.7.27

야구 최고의 스타플레이어였다. 당시 그의 연봉은 480만 원 정도였다. 이를 기준으로 프로야구선수들의 평균 연봉을 500만 원 이상으로 책정했다.

프로야구 출범 당시 입단한 선수들은 본인의 야구 능력에 따라 S, A, B, C, D, E, F 등 7등급으로 나뉘었다. 그중 가장 중간 단계인 D급 선수는 계약금 500만 원에 연봉 600만 원이고, S급 선수는 계약금 2,000만 원에 연봉 2,400만 원이었다. 한편 프로야구선수 연봉 책정의 기준이 되었던 김봉연은 특급 선수로 분류되었다. 김봉연 외에도 해외파 박철순, MBC의 감독 겸 선수인 백인천 등이 S급 대우를 받았다.

감독의 경우도 등급을 나누었는데 A급 감독은 계약금 2,000만 원, 연봉 1,200만 원이었다. S급으로 분류된 선수와 마찬가지로 A급 감독 역시 대단한 대우를 받았다. 당시 2,000만 원이면 서초구 잠원동의 24~28평짜리 아파트 한 채를 구입할 수 있는 금액이었다고 한다.

2. 억대 연봉

한국프로야구에서 억대 연봉 선수가 등장한 것은 1985년이다. 재일교포 투수인 너구리 장명부가 1억 484만 원의 연봉을 받으며 KBO리그 최초의 억대 연봉 선수가 되었다. 1986년(김일융/1억 1,250만 원), 1987년(김기태/1억 2,000만 원)에도 억대 연봉은 모두 재일교포들의 몫이었다.

여기서 잠깐 알아 둘 사실이 있다. 역대 KBO리그에서 활약한 김기태는 총 3명(1952년생, 1969년생, 1987년생)이었다. 그중 1987년에 억대 연봉을 기록한 김기태는 1952년생 김기태이다. 1986년(청보 핀토스)과 1987

년(삼성 라이온즈) 2년 동안 한국에서 활약했던 52년생 김기태는 오사카에서 태어난 재일교포 선수로 일본 이름은 가네시로 모토야스(金城基泰)이다. 일본 이름인 한자(漢字) 4글자(金城基泰, 김성기태)에서 한글 이름을 따와서 김기태로 불렸다. 1971년 일본 프로야구팀 '히로시마 도요카프'에서 데뷔하였으므로 KBO리그에서 활약한 시절은 전성기가 지난 후였다. 일본 프로야구에서 활약하던 전성기 시절에는 워낙 특이한 투구폼을 지닌 언더핸드 투수인데도 구속이 150km에 육박했다.

KBO리그에서 활약한 김기태 세 명은 모두 삼성 라이온즈를 거쳤다는 공통점이 있다. 김기태라는 이름과 삼성 라이온즈의 궁합이 잘 맞는 것 같다. 1987년 김기태 이후, 5년간 KBO리그에는 억대 연봉자가 없었다.

1993년 국내 선수로는 최초의 억대 연봉선수인 선동열이 등장했다. 원년부터 1995년까지 억대 연봉자를 배출한 것은 총 7회인데, 그중 선동열이 3회를 기록했다. 1996년 선동열이 일본 프로야구로 진출하면서 연봉왕 자리는 특급 마무리 투수인 LG 트윈스의 김용수가 차지했다.

1997년부터는 억대 연봉자가 두 자릿수로 늘어났다. 최초의 억대 연봉자를 배출했던 1985년부터 1999년까지 최고 연봉 금액은 1억 원대에 머물러 있었다. 2000년 밀레니엄 시대를 맞이하면서 3억 원대의 최고 연봉자(정민태/3억 1,000만 원)가 등장했다.

2003년에는 6억 원대(이승엽/6억 3,000만 원), 2004년에는 7억 원대(정민태/7억 4,000만 원)의 최고연봉자가 등장했다. 2005년에는 심정수가 FA 대박을 터트리면서 7억 5,000만 원의 연봉을 기록했다. 2010년에는 억대 연봉자가 110명이 되면서 억대 연봉자는 세 자릿수로 늘어났다. KBO리그의 억대 연봉이 일반화의 단계로 접어든 것이다.

2012년에는 일본에서 돌아온 김태균이 15억 원이라는 파격적인 연봉을 받으면서 10억 원대의 연봉자가 등장했고, 2017~2018시즌에는 이대호가 25억 원에 연봉 계약을 하면서 KBO리그의 최고 연봉자로 등극했다.

〈표 6-2〉 역대 억대 연봉 현황

연도	억대 연봉 (명)	최고 연봉액 (만 원)	최고 연봉액 (만 원)	연도	억대 연봉 (명)	최고 연봉 선수	최고 연봉액 (만 원)
1985	1	장명부	10,484	2005	77	심정수	75,000
1986	1	김일융	11,250	2006	82	심정수	75,000
1987	1	김기태	12,000	2007	89	심정수	75,000
1993	1	선동열	10,000	2008	94	심정수	75,000
1994	2	선동열	13,000	2009	99	김동주	70,000
1995	1	선동열	13,000	2010	110	김동주	70,000
1996	7	김용수	11,000	2011	100	김동주	70,000
1997	14	김용수	12,200	2012	112	김태균	150,000
1998	14	양준혁	14,000	2013	121	김태균	150,000
1999	19	정명원	15,400	2014	138	김태균	150,000
2000	31	정민태	31,000	2015	136	김태균	150,000
2001	44	이종범	35,000	2016	148	김태균	160,000
2002	55	이상훈	47,000	2017	158	이대호	250,000
2003	65	이승엽	63,000	2018	164	이대호	250,000
2004	82	정민태	74,000				

III. 연봉 결정 구조

1. 임금 이론

1) 임금의 발생

초등학교 사회 시간에 배운 생산의 3요소는 토지, 자본, 노동이다. 토지의 대가(代價)는 지대(地代), 자본의 대가는 이자, 노동의 대가는 임금이다. 지대는 유동인구, 이자는 화폐 수량의 수요와 공급으로 결정되듯이 임금은 노동 자원의 수요와 공급으로 결정된다.

모든 근로자는 토지, 자본 소유자가 아니므로 지대와 이자는 대다수 근로자의 관심 사항이 아니다. 하지만 임금은 모든 근로자의 생활 속으로 직접 파고드는 생활비 개념이다. 이는 근로자들이 자신의 임금뿐 아니라 다른 사람의 임금에도 많은 관심을 갖는 이유이다. 본인과 타인 사이에 발생하는 임금 격차는 곧 생활 수준의 격차를 의미하므로 임금 격차는 삶의 질을 비교하는 시금석이 된다.

2) 적정 노동 인원과 사회적 비용

우리나라에 법학전문대학원 제도를 도입한 목적 중의 하나는 사법시험으로 인해 발생하는 사회적 비용을 줄이기 위함이다. 똑똑한 많은 젊은이들이 언제 합격할지도 모르는 사법시험에 불나방처럼 뛰어들어 아까운 청춘을 낭비하는 것을 막으려는 시도였다. 이는 도박판에서 발을 빼지 못하는 도박 폐인처럼 고시판에서 발을 빼지 못하는 고시 폐인의 양산을 막겠다는 취지도 포함된다.

또한, 너무 많은 경쟁자를 끌어들이는 사법시험의 중력과 그 테두리 안의 경쟁 심화 과정에서 초래되는 비생산적인 시간의 소비와 금전의 투자를 막자는 의도였다. 그런데 과당 경쟁이 사법시험만의 문제는 아니다. 연예·스포츠 스타가 되기 위해 치열하게 경쟁하고 있는 지망생들의 노동공급 시장도 이와 유사하다.

사법시험과 연예·스포츠 스타 지망생들은 모두 노동공급 시장에서 경쟁자들을 물리치고 최종 승자가 되는 것을 꿈꾸는 이들이다. 하지만 그 경쟁 시장에서 누가 승자가 될지는 오랜 시간이 지나 봐야 알 수 있다.

슈퍼스타 지망생들이 모두 다 꿈을 이룰 수 없는 시장에서 노동의 과잉 공급은 사회적 비용을 초래한다. 대형 연예기획사에서 자질이 있는 어린 학생들을 훈련시켜서 가요시장에 내보낼 때까지는 최소 3년에서 최대 10년까지 걸린다.

지망생들은 노래와 안무 연습을 위해서 학교생활을 거의 포기하고 가수 데뷔에 모든 초점을 맞춘다. 그러나 어느 날 본인이 슈퍼스타가 될 수 없다는 것을 알았을 때는 이미 많은 것을 잃어버린 후다.

스포츠 스타가 되기 위해 초등학교 때부터 학교 수업에 불참하면서 엘리트 체육인의 길을 걸어온 학생이 프로스포츠 구단의 지명을 못 받으면, 그 후 그의 삶은 어떻게 될까?

어떤 연구자[3]는 메이저리그, 마이너리그, 음반 시장 등에 공급되는 젊은 신규 진출자들이 많지만, 그들 중에 오랫동안 살아남는 사람은 극히 드물며

---

3 MacDonald(1988)

이런 현상을 '다중시장 단계'(multi-market stages) 시스템이라고 규정한다. 이 시스템은 참가자들에게 정보축적 기능을 제공하고 질 낮은 참가자들을 걸러내는 여과(filtering) 작용을 한다. 그리고 능력과 보상 사이의 연결고리를 유지해 주면서 슈퍼스타를 만들어 낸다.

그렇다면 연예·스포츠 노동 공급시장에 지망생들이 아주 적어서 시장의 수요를 충족시켜 줄 만큼만 있다면 사회적 비용이 발생하지 않을까? 그렇다. 인력수급에서의 사회적 비용은 발생하지 않는다. 하지만 소비자들은 질 낮은 연예인의 공연과 질 낮은 스포츠 스타의 운동경기를 즐겨야 하고, 그로 인해 사회적 효용이 감소하게 된다. 결국, 슈퍼스타 시장에 진입하려는 지망생들의 경쟁이 심할수록 소비자의 효용은 증가한다.

어떤 사회에 가수와 세일즈맨이라는 두 가지의 직업만 존재한다면, 가수로서 재능이 별로 없는 가수 지망생이 세일즈맨으로 전환하는 것은 사회적 비용을 감소시키므로 사회적으로 유익하다. 그런데 누가 가수로서의 재능을 지니고 있는지 알 수 없을 경우에 사회적 비용을 최소화할 수 있는 직업별 최적 경쟁자의 수는 어떻게 알 수 있을까? 가수의 (한계) 수입과 세일즈맨의 (한계) 수입이 같을 때 나오는 경쟁자의 수가 사회적 비용을 최소화하는 최적 수준이 된다.

2. 경제학의 시각

1) 고전 경제학의 시각

아담 스미스(A. Smith)는 국부론(An inquiry into the nature and

causes of the wealth of nations)에서 임금(직업 보상 체계) 결정 요인을 노동의 용이성과 명예, 직업의 습득도, 직업 교육비용의 차이, 직업의 안정성 여부, 직업의 성공 가능성 등 5가지로 구분했다.

그중에서 특별한 기교와 숙련을 요하고 일반적인 직업보다 훨씬 더 힘들고 비용이 많이 들며 성공 가능성이 낮은 직업은 많은 금전적 보상이 따라야 한다고 주장했다.

연예인이나 운동선수는 독창성과 특별한 재능을 지닌 후 숙련을 통해 완성되는 직업이다. 이를 위한 교육은 훨씬 더 힘들고 많은 비용이 들며 그들의 일은 언제나 일상적 수요가 아닌 고객의 우연한 주문에 달려 있다. 그러므로 직업의 불안정성이 일으키는 불안과 초조함에 대한 일정한 보상이 이루어져야 한다. 그러므로 그들에게는 많은 금전적 보상이 뒤따라야 한다.

2) 현대 경제학의 시각

전통적인 경제학 이론에서는 노동의 생산성이 임금을 결정한다. A와 B라는 두 사람이 있을 때, 한 달에 A는 책상을 10개 만들고 B는 20개를 만든다면 B는 A의 임금의 2배를 받아야 한다.

하지만 현대 산업 구조에서는 분업화 및 전문화가 고도화되어 생산된 완제품의 기여분을 정확하게 나누기 어렵다. 그러므로 기업은 최종 생산물 판매가의 총합을 예상하여 인건비를 책정하는 복잡한 계산에 들어간다. 기업은 근로자의 생산성을 확인하지 않고 근로자의 초임을 정하는데, 이때 근로자는 제시된 임금이 자신의 능력에 비해 높거나 같을 경우 기업에 입사한다.

근로자는 자신의 학력이 높을수록 근로여건과 임금의 안정성에 대한 기대가 커진다. 자신의 능력이 우수하다고 생각하는 근로자는 적은 임금을 제시하는 기업에 지원하지 않는다. 또한, 객관적인 평가 기준보다 자신을 과대평가하여 임금이 적은 중소기업에는 지원하지 않는다. 이런 상황이 반복되면 구직자들은 일자리가 없고 중소기업은 일할 사람이 없는 상황이 전개된다. 현재 우리나라에서 발생하는 일자리 미스매치가 그런 현상이다.

더 깊이 들여다보면, 구직자들은 (내 능력보다 더 많은 임금을 줄) 일자리가 없다 하고, 중소기업은 (내가 줄 수 있는 임금보다 더 많이) 일할 사람이 없다고 주장하는 것이다.

현대 경제학에서 바라보는 직종별 임금 격차의 발생 원인은 아담 스미스가 제시한 5가지의 임금 격차 원인과 크게 다르지 않다. 아담 스미스의 직관을 모형과 그래프로 다시 형상화하여 논리적 구성을 붙인 정도이다.

현대 경제학에서 말하는 직종별 임금 격차의 발생 원인은 여러 가지가 있는데, 이를 큰 틀에서 구분하면 2가지로 정리할 수 있다.

첫째, '보상적 임금 격차'(compensating wage differentials)이다. 보상적 임금 격차는 조악한 근무환경 때문에 근로자들이 기피하는 직종에는 추가적인 보상을 더 해 주어서 다른 직종과의 임금 균형을 맞춰 간다는 것이다. 각 지자체가 영세한 중소기업에 대해 임금 보전 등의 직접 지원은 해 줄 수 없으나 그들이 모여 있는 클러스터 안에 국공립 어린이집을 만들어 주고 중소기업 근로자들에게 우선 지원 혜택을 주는 것과 같은 간접 지원이 여기에 해당한다.

둘째, '과도적 임금 격차'(transitional wage differentials)이다. 과도적 임금 격차는 일자리의 지속성 및 안정성과 관계가 있다. 정규직 일자리의 노동공급 곡선과 비정규직 일자리의 노동공급 곡선의 차이로 나타나는 임금 차액을 말한다.

보상적 임금 격차가 직종에 따른 임금 격차라면 과도적 임금 격차는 같은 직종에서 나타나는 직위에 따른 임금 격차를 일컫는다.

Ⅳ. 선수 연봉 결정 요인

일반 근로자들의 임금 책정과는 달리 프로야구선수들의 연봉 책정은 아래의 4가지 요인이 복합적으로 작용한 결과이다.

1. 수요독점(需要獨占, monopsony) 시장

모든 거래가 성사되는 시스템을 시장이라고 한다. 경제학에서 시장은 공급자의 수에 따라 독점시장(monopoly market), 과점시장(oligopoly market), 완전경쟁 시장(perfect competitive market) 등으로 나뉜다. 공급자의 수를 시장 구분의 기준으로 삼은 이유는 공급자의 수가 시장의 가격 결정 구조와 연결되기 때문이다.

독점시장은 공급자가 1명인 경우를 말한다. 독점 공급자는 시장의 가격을 결정하는 가격결정자(price-maker)가 된다.

과점시장은 공급자의 수가 구체적으로 정해져 있지 않지만 대략 2~3명일 경우이다. 이 때문에 공급자들이 담합을 통해 독점 형태를 띠면서 가격 결정에 영향을 미칠 수 있다. 담합에 의한 가격 결정은 시장 혼란을 초래하기 때문에 공정거래위원회가 이를 방지하는 역할을 수행한다.

완전경쟁 시장은 공급자가 무수히 많기 때문에 공급자가 가격 결정에 영향을 미칠 수 없다. 즉, 공급자는 시장에서 형성된 가격을 수용하는 가격수용자(price-taker)가 된다.

일반적으로 독점은 공급의 독점을 의미한다. 그런데 '수요독점'이라는 다소 생소한 점유구조가 있다. 수요독점은 판매자(공급자)는 다수 존재하는데 구매자(수요자)가 1명일 경우이다. 흔치 않은 시장형태이다. 수요독점은 2가지 경우에 발생한다.

첫째, 지역적 특성이다. 예를 들어, 어느 마을의 기후와 토양이 담배 농사에 최적화되어 있다면 그 마을 사람들은 모두 담배 농사를 짓는다. 이 마을 사람들은 모두 인근의 담배 수매기업에 매달려 생계를 유지하게 된다. 담배에 대한 전매권은 한국담배인삼공사(KT&G)가 가지고 있기 때문에 그 마을 사람들은 KT&G 외에는 다른 곳에 수확물을 판매할 길이 없다. 그러므로 마을의 수확물은 전량 KT&G가 수매하게 된다. 이럴 경우 수요독점 현상이 발생한다.

둘째, 전문화된 생산요소이다. 생산요소가 극도로 전문화되어 있기 때문에 특정한 곳에만 고용이 가능한 경우이다. 예를 들어, 프로야구선수가 되기 위해 엘리트 야구 코스를 밟은 선수들과 KBO의 관계이다. 초고교급 야구선수들이 바로 메이저리그에 진출하기도 하지만 그런 경우는 매우 드물다. 고졸·대졸 엘리트 야구선수들은 모두 KBO가 매년 실시하는 신인 드래프트에 자동으로 참가하게 된다. 그때 KBO는 엘리트 야구선수들에 대한 수요독점의 지위를 점하게 된다.

수요자가 무수히 많은 완전경쟁 시장과 수요자가 1명인 수요독점 시장의 차이점은 재화의 가격 설정 기능에 있다. 동일한 재화여도 완전경쟁 시장에서와 수요독점시장에서의 가격은 달라진다.

담배 농사 마을의 담배 수확물이 완전경쟁 시장에서는 더 비싼 가격에 판매될 것이다. 현재 2,700만 원으로 제한되어 있는 KBO리그의 모든 신인 선수 연봉 역시 완전경쟁 시장에서는 더욱 올라갈 것이다. 물론 신인 선수들의 실력과 잠재력에 따라 계약금은 달라진다. 대어급 선수들은 계약금으로만 10억 원을 받는 경우도 있다. 수요독점의 형태는 야구뿐 아니라 축구, 배구, 농구 등 모든 프로스포츠 리그에 적용되는 예이다.

수요독점이라는 용어를 처음으로 만들어 낸 조안 로빈슨(Joan Robinson)[4]은 이런 현상을 '수요 독점적 착취'라고 정의했다.

(공급) 독점이든 수요독점이든 독점은 시장에서 비효율성을 초래한다. 그래서 환영받지 못한다. 그런데 수요나 공급 중 한쪽의 독점이 아닌 수요와 공급 양쪽에서 발생하는 독점현상도 있다. 이를 '쌍방독점'(bilateral

---

4 1933년에 발간한 《불완전 경쟁의 경제학》(The Economics of Imperfect Competition)에서 동일한 생산성을 지닌 근로자가 남성과 여성이라는 이유로 임금 격차가 발생하는 상황을 설명하기 위해 '수요독점'이라는 개념을 도입했다.

monopoly)이라고 한다.

쌍방독점은 공급독점과 수요독점이 대립한 상태에서 서로 상대의 의도를 읽으면서 자기에게 가장 유리하도록 거래량을 결정하는 것이다. 쌍방독점의 균형은 오직 흥정과 타협에 의해 결정되는 것으로 타협 조건은 결국 쌍방의 교섭능력에 달려 있다고 할 수 있다. 다른 독점과 마찬가지로 쌍방독점 역시 비효율성을 초래하는데, 시장에서 쌍방독점의 예를 찾기는 쉽지 않다.

일상생활에서 볼 수 있는 쌍방독점 유형으로는 결혼을 통해 형성된 '부부'(夫婦) 관계이다. '흥정과 타협을 통해 자기에게 유리한 거래량을 결정하고 타협 조건은 쌍방의 교섭능력에 달려 있다'라는 정의는 부부관계가 쌍방독점 관계임을 더욱 확실하게 입증해 준다. 하지만 부부라는 쌍방독점의 관계가 비효율성을 초래하는지에 대한 판단은 독자들의 몫으로 남기겠다.

2. 불안정성의 보상

안정적인 직장이란, 근로자가 사용자와의 계약으로 합의한 일정한 임금을 매월 정해진 날에 받는 직장이다. 이런 직장은 특별한 일이 없는 한, 매달 받는 임금이 거의 확실하게 보장되어 있다. 일정한 시기가 되어 퇴직할 때까지 매달 꾸준히 직장에서 임금을 받게 된다. 반면, 어떤 직종은 매월 임금이 불규칙할 뿐 아니라 정년이 보장되어 있지 않기 때문에 일정한 노동소득이 확실히 보장되지 않는다. 불안정한 직업이다.

일반적으로 사람들은 금전적인 위험성이나 불안정성을 기피한다. 그러므로 안정적이지 않은 직종에 종사하는 사람들에게는 그 직종에 따른 고유의 금전적 위험을 보상해 주는 임금 가산 체계가 있어야 한다.

안정적인(하루 8시간, 한 달 22일 근무) A 회사에 다니는 B의 월급이 264만 원일 때, 이를 시급으로 환산하면 15,000원이 된다. A 회사에서는 사내 행사를 추진하게 되었고 그 행사 담당자가 B였다. A 회사는 그 행사에 연예인 C를 사회자로 섭외하려 했는데 C가 2시간에 150만 원을 요구했다. 이 행사에서 C의 시급은 75만 원이 된다. B가 생각해 보니 자신의 시급은 15,000원인데 C의 시급은 75만 원이었다. 연예인 C의 임금에는 비정기성 직종에 따른 보상 시스템이 더해진 것이다.

이처럼 B와 C의 직종 차이에서 발생하는 임금 격차를 '금전적 위험에 따른 임금 격차'(wage differentials by pecuniary risk)라고 한다.

사람들은 소득 보장상의 위험이나 경제적 불안정성을 기피하는 경향이 강하다. 그러므로 직업의 비정기성으로 인해 야기되는 금전적 불안정성이 존재하는 직종의 임금은 다른 직종의 임금보다 높아야 한다.

전술했듯이 프로야구 원년의 초기 연봉 책정 역시 이런 점을 고려하였다. 실업야구팀에 잔류할 경우 정년까지 안정적인 생활이 보장되지만, 프로야구 선수로 전환하면 그런 장점이 없기 때문에 이를 고려하여 원년 프로야구 선수의 연봉을 책정한 것이다.

3. 교육훈련의 차이

많은 교육훈련을 받아야만 그 직종에 종사할 수 있는 근로자들은 다른 직종의 근로자들보다 많은 보상을 받아야 한다. 교육훈련을 받기 위해 들어간 직·간접적인 투입(시간, 교육비, 노력 등) 비용에 대한 보상이 있어야 하기 때문이다. 그래서 전문직, 고급기술직, 행정관리직 등에 종사하는 근로자가 일반 생산직 근로자보다 많은 임금을 받는 것이다. 물론 모든 근로자가 교육훈련에 투입된 만큼의 보상을 받는 것은 아니다.

석사학위 취득자가 고졸 생산직보다 못한 임금을 받는 경우도 있다. 강성노조가 있는 거대 제조업 회사에 근무하는 근로자들은 일반적인 석사학위 취득자들보다 많은 임금을 받는다. 하지만 이는 강성노조라는 외부요인에 의해 만들어진 보상체계이지 순수 노동의 대가가 아니다. 여기에서 언급하는 보상체계는 순수 교육훈련에 의한 보상의 차이를 의미한다.

예비 근로자가 미래의 좋은 보상을 위해 교육훈련에 투자하는 과정은 '이론'이라는 이름으로 학문화의 길을 걷는다. 인적자본이론이다. 인적자본이론은 직종별로 임금 격차가 발생하는 여러 가지 원인 중 교육훈련의 차이로 발생하는 임금 격차를 주된 연구 내용으로 다룬다.

프로야구선수가 되기 위해서 어린 시절부터 줄곧 많은 비용(시간, 교육비, 노력 등)을 투자하여 그 꿈을 이루었다면, 그에 대한 보상은 충분해야 한다. 계약금이 따로 있기는 하지만 현재 프로야구선수의 초임은 연봉 2,700만 원이다. 이는 대졸 취업자가 중소기업에 취직할 경우의 평균 연봉 수준이다.

프로야구선수가 되겠다는 일념으로 초중고 시절을 야구에 투자했다고 해서 모두 프로야구선수 초임 연봉(2,700만 원)을 받을 수 있는 것은 아니다. 프로야구단의 입단 가능 여부를 가리는 신인 드래프트에서 구단의 지명을 받지 못한 선수는 그마저도 불가능하다. 신인 드래프트에서 프로야구단의 지명을 받을 확률은 약 10% 정도이다.

신인 드래프트에서 지명을 받았다고 해도 1군에 올라가지 못하면 몇 년 안에 구단에서 방출되는 수순을 거친다. 그런 두려움은 항상 2군에 있는 선수들을 짓누른다. 그런데 2군 선수는 그나마 행복한 경우일지도 모른다. 신인 드래프트에서 프로구단의 지명을 못 받은 선수는 다른 직업을 찾아야 한다. 살면서 야구와 관련된 교육훈련에만 전념했던 어린 선수들은 처음부터 모든 것을 다시 시작해야 한다. 이 정도 상황이면 위험성이 높은 도박에 가깝다. 이런 이유로 프로야구선수들의 초임 연봉은 더 상승해야 한다.

4. 연봉 고과 산정

프로야구선수 연봉에는 올 시즌 활약에 대한 보상과 내년 시즌에 대한 기대치가 함께 담겨 있다. 둘 중 하나만 부족해도 큰 연봉 상승을 기대하기는 어렵다. 선수들의 매 시즌 활약에 대한 평가는 KBO리그 기록에 의해 객관적인 수치로 나타난다. 투수의 활약은 평균자책점(ERA), 경기 수(G), 완투(CG), 완봉(SHO), 승리(W), 패배(L), 세이브(SV), 홀드(HLD), 승률(WPCT), 상대한 타자수(TBF), 이닝(IP), 피안타(H), 피홈런(HR), 볼넷(BB), 사구(HB), 탈삼진(SO), 실점(R), 자책점(ER) 등 총 18개의 기록으로 자세하게 나타난다. 이를 토대로 투수들은 시즌 활약에 대한 평가를 받는다.

그런데 구단은 기록상으로 단순하게 나타난 수치만으로 선수들을 평가하지 않는다. 동일한 세이브를 기록해도 어떤 상황에서의 세이브냐에 따라 가치가 다르기 때문이다. 그러므로 기록상에는 동일한 수치여도 상황마다 다른 가중치를 적용하여 선수들의 활약을 평가한다.

〈그림 6-1〉 투수의 기록(장명부)

⚾ 통산기록																		
연도	팀명	ERA	G	CG	SHO	W	L	SV	HLD	WPCT	TBF	IP	H	HR	BB	HB	SO	R	ER
1983	삼미	2.34	60	36	5	30	16	6	0	0.652	1712	427 1/3	388	19	106	16	220	138	111
1984	삼미	3.30	45	15	2	13	20	7	0	0.394	1074	261 2/3	261	20	66	6	145	111	96
1985	청보	5.30	45	10	0	11	25	5	0	0.306	1117	246	304	22	100	12	128	175	145
1986	빙그레	4.98	22	3	0	1	18	0	0	0.053	493	108 1/3	130	12	41	9	48	71	60
통산		3.55	172	64	7	55	79	18	0	0.410	4396	1043 1/3	1083	73	313	43	541	495	412

(자료 : KBO)

투수와 유사하게 타자의 활약 역시 타율(AVG), 경기 수(G), 타수(AB), 득점(R), 안타(H), 2루타(2B), 3루타(3B), 홈런(HR), 루타(TB), 타점(RBI), 도루(SB), 도루실패(CS) 볼넷(BB), 사구(HBP), 삼진(SO), 병살타(GDP), 실책(E) 등 총 17개의 기록으로 자세하게 나타난다.

투수와 다르게 타자는 상황별 활약에 따라 가중치 적용의 폭이 더 크다. 같은 홈런이어도 승부를 뒤엎는 역전 끝내기 홈런이 나올 경우에는 그 가치가 다르기 때문이다.

〈그림 6-2〉 타자의 기록(장효조)

③ 통산기록

연도	팀명	AVG	G	AB	R	H	2B	3B	HR	TB	RBI	SB	CS	BB	HBP	SO	GDP	E
1983	삼성	0.369	92	317	61	117	19	3	18	196	62	22	2	58	6	39	1	1
1984	삼성	0.324	89	309	56	100	19	7	7	154	44	8	8	49	5	25	2	1
1985	삼성	0.373	107	346	66	129	24	1	11	188	65	17	8	57	4	23	6	2
1986	삼성	0.329	95	304	55	100	20	2	6	142	41	16	7	59	1	30	6	3
1987	삼성	0.387	88	284	51	110	16	4	2	140	58	7	4	41	3	26	1	2
1988	삼성	0.314	96	283	41	89	12	2	4	117	35	5	5	49	2	27	2	0
1989	롯데	0.303	94	333	40	101	8	3	1	118	31	12	15	56	3	30	2	2
1990	롯데	0.275	96	324	36	89	13	4	1	113	22	8	4	34	2	33	5	0
1991	롯데	0.347	122	346	56	120	17	10	4	169	54	11	7	70	0	31	4	0
1992	롯데	0.265	82	204	23	54	9	0	0	63	25	3	1	33	1	25	2	0
통산		0.331	961	3050	485	1009	157	36	54	1400	437	109	61	506	27	289	31	11

(자료 : KBO)

프로야구 10개 구단은 팀이 추구하는 방향에 따라 고유의 색깔을 지닌다. 어떤 두 선수의 타율, 홈런 수, 볼넷, 안타 수 등의 기록이 동일하더라도 서로 다른 연봉을 책정하는 것은 바로 그런 이유 때문이다. 팀이 추구하는 방향성에 따라 연봉 고과 시스템이 작동하고 각 기록의 항목별 가중치가 달라진다.

구단과 선수와의 연봉 협상이 잘 진행되지 않는 경우는 각 구단의 연봉 고과 시스템에 대한 이해가 서로 다르기 때문이다. 각 구단이 이를 투명하게 공개하면 불필요한 마찰을 피할 수 있지만, 각 구단은 연봉 고과 시스템을 구단의 영업기밀이라며 공개하지 않는다.

예를 들어, SK 와이번스가 홈런 공장이라는 팀컬러를 추구할 경우 많은 홈런을 쳐낸 선수에게 가중치를 더 주어 연봉 협상에 임한다. 따라서 서로 다른 팀의 A와 B라는 선수가 모두 20개의 홈런을 기록했더라도 홈런에 대한 가치를 더 높게 평가하는 팀에 소속되어야 연봉 협상에서 더 유리한 고지를 점할 수 있다.

5. 무형의 가치, 그리고 논란

각 구단의 연봉 고과 시스템에는 전년도 활약에 대한 객관적인 수치 외에도 팀에 대한 기여도 부분이 있다. 이를 '무형의 가치'라고 하는데 한 선수가 팀 내에서 차지하는 위상, 프랜차이즈 스타 여부, 리더십, 상징성, 인기도 등이 평가 항목이다. 지난 시즌 활약했던 선수의 기록이라는 토대 위에 무형의 가치가 더해지면 다음 시즌의 선수 연봉이 책정된다.

하지만 이 시스템은 항상 연봉 협상 테이블에서 논란의 중심에 서 있다. 무형의 가치에 대한 논란은 주로 자기 실력 이상의 고액 연봉을 받는 선수들에게 집중되어 나타난다. 야구팬들은 자신이 응원하는 팀의 고액 연봉선수가 별다른 활약을 못 했음에도 많은 연봉을 받을 경우 조롱거리로 삼고 희화화한다. 그들이 과연 그만한 연봉의 가치가 있느냐고 따져 묻는 것이다. 팀을 응원하는 팬으로서 당연히 지적할 수 있는 부분이다.

7장

대박의 꿈,
프로야구 FA 제도

Ⅰ. FA 제도 개관

1. FA 제도, 의미와 도입

1) FA 제도란 무엇인가?

❶ FA(Free Agent)의 정의

FA(Free Agent) 제도란 '자유계약'선수 제도를 말한다. 그렇다면 평상시 프로야구 선수들의 계약이 자유롭지 않다는 의미인가? 그렇다. 일반적으로 프로스포츠 리그에서 활약하는 선수들의 계약은 자유롭지 않다.

각 프로스포츠 리그에는 '보류조항'이 존재한다. 보류조항이란 '선수들의 자유로운 직업 선택 활동을 일정한 기간 보류하기로 약속한 조항'을 의미한다. 그러므로 보류조항은 프로스포츠 선수들이 일정한 조건을 갖추기 전까지 여러 팀과 자유롭게 계약하는 것을 어렵게 만든다.

FA 제도란 그런 보류조항이 풀려 선수들에게 자유롭게 구단을 선택할 수 있는 권한을 주는 것이다. 이렇게 선수들은 일정 기간이 지나야 구단 선택의 자유를 얻을 수 있다.

예를 들어, 20세 미만의 청소년들은 술과 담배를 자유롭게 구매할 수 없다. 현행법이 만 20년 미만의 인생을 살아온 사람들에게는 술과 담배의 판매를 허용하지 않기 때문이다. 하지만 20세부터는 자유롭게 술과 담배를 구매할 수 있다. 프로 스포츠리그의 보류조항도 이와 같은 개념이다.

❷ 보류조항

보류조항의 목적은 리그 내에서 규제를 통해 선수 이동에 대한 일정한 질서를 유지하기 위한 것이다. 철저히 사용자(구단)들의 이익을 극대화하는 구조이다.

프로야구가 가장 먼저 태동한 미국의 메이저리그(이하 MLB) 초창기에는 모든 선수가 자유계약 선수였다. 선수들은 조건이 좋은 팀이 나타나면 언제든지 짐을 싸서 다른 팀으로 이적했다. 이런 시스템은 전적으로 선수들에게만 유리한 것이었다. 이로 인해 구단들은 막대한 손해를 입었다. 그래서 MLB 구단들은 담합하여 보류조항이라는 제도를 만들었다.

이후 이 제도는 MLB를 위시한 미국 프로스포츠뿐 아니라 전 세계 모든 프로스포츠 리그에서도 활용되고 있다. 선수가 프로스포츠 리그에 진입하여 한 팀과 계약을 맺은 뒤에는 일정 기간 구단의 허락이나 동의 없이 다른 팀으로 자유롭게 이적하는 것을 불가능하게 만든 시스템이다.

그러나 개인의 자유의사를 중요시하는 미국의 특성상 보류조항에 대한 선수들의 반발도 만만치 않았다. 결국, 보류조항이 법적인 판단을 받는 상황까지 이르렀다.

❸ 법의 판단

개인의 사적 영리 행위를 매우 중요시하는 미국은 여러 가지 법 중에서도 상법이 매우 발달한 나라이다. 미국 상법의 근간은 '독과점금지법'(Anti-Trust Law)이다. 독과점금지법의 핵심 쟁점은 상행위의 주체인 수요자와 공급자 중에서 공급자들의 담합행위가 있었느냐의 여부이다. 미국에서는 공급자들이 담합을 통해 독과점지위를 이용하면 엄벌에 처해진다.

1922년, 미연방대법원은 "프로야구는 독과점금지법을 적용받지 않는다"라고 판결하였다. 즉, MLB 구단들이 담합을 통해 보류조항을 만든 것은 맞지만 프로야구 산업은 독과점금지법 적용 대상이 아니라는 것이다. 미국 상법의 큰 흐름은 벗어나지 않으면서도 MLB 구단들의 담합을 인정해 준 판결이었다. 그 결과 MLB 선수들은 트레이드를 거부할 수 있는 권리를 박탈당했다.

판결 이후에도 보류조항은 논란의 중심에 있었다. 직업 선택권을 빼앗긴 선수들과 법적인 권리를 보장받은 구단들 사이에는 여전히 갈등의 등걸불이 남아 있었다. 그리고 이는 훗날 '커트 플러드' 사건을 통해 폭발하게 된다.

2) FA 제도의 도입

❶ 제도 도입 과정

프로야구 FA 제도의 효시는 메이저리그이다. MLB는 오래된 프로야구 역사만큼이나 다양한 제도의 도입도 앞선다.

새로운 제도는 '기존 제도에 대한 누군가의 강한 불만 제기-그에 대한 구성원들의 공감대 형성-사회적 합의 도출 과정'을 거치며 사회 속으로 안착한다. 이후 불합리하거나 부당한 부분이 발견되면 보완하고 다듬어 가면서 새로운 제도는 안정적인 제도로 자리매김하게 된다. MLB의 FA 제도 역시 그런 과정을 거쳐서 정착화되었다.

❷ FA의 아버지, 커트 플러드(Curt Flood)

'커트 플러드', 프로야구 FA 제도를 논할 때 반드시 거명해야 할 이름이다.

그는 8시즌(1961~1968년) 동안 3할 이상의 타율을 5번 기록하였고, 수비에서는 7년 연속(1963~1969년) 골드글러브를 수상하는 등 메이저리그를 대표하는 당대 수준급 외야수로 인정받은 선수이다.

커트 플러드 외에 루 브록(Lou Brock), 밥 깁슨(Bob Gibson) 등 이른바 '흑인 삼두마차'를 앞세운 세인트루이스 카디널스(St. Louis Cardinals)는 1964년과 1967년에 월드시리즈를 제패하였다.

〈그림 7-1〉 커트 플러드

카디널스는 1969년 시즌 종료 후, 팀의 장타력을 보강하기 위해 필라델피아 필리스(Philadelphia Phillies)와 트레이드를 단행했다. 필리스의 거포 딕 알렌(Dick Allen)을 영입하기 위한 카드로 꺼낸 것이 커트 플러드였다.

당시 그의 나이는 32세였다. 그는 가족과 함께 12년간 고향처럼 살아왔던 세인트루이스를 떠나는 것에 대해 강한 반감을 드러내며 트레이드를 거부했다. 하지만 그에게는 구단을 선택할 권한이 없었다.

커트 플러드는 이런 트레이드 방식이 불공정거래라며 MLB 커미셔너를 상대로 법적 소송을 제기하였다. 이에 대해 1972년 미연방대법원은 1922년의 판결을 재확인하면서 MLB 사무국의 손을 들어주었다. 결국, 커트 플러드는 패소하였고 자신의 의지와는 상관없이 트레이드되어 1971년 '워싱턴 새너터스'(Washington Senators)[1]에서 마지막 선수 생활을 한 후 MLB에서 은퇴했다.

그는 1978년에 잠시 해설가로 활동하기도 했으나, 1997년 1월 후두암으로 생을 마쳤다. MLB 트레이드 제도에 대한 커트 플러드의 강한 불만 제기는 훗날 MLB에서 6년을 뛴 선수는 자유계약을 할 수 있다는 FA 제도의 초석이 되었다.

그가 생을 마감한 이듬해인 1998년 반독점 금지법에 프로야구를 포함하는 법이 제정되면서 MLB 선수들의 자유계약 권한은 확대되었다. 그리고 이를 '커트 플러드 법'이라고 부르게 되었다.

커트 플러드와 FA 제도에 관한 이야기는 책《A Well-paid Slave : Curt Flood's Fight for Free Agency in Professional Sports》로도 출간되어 많은 사람들의 주목을 받았다.

---

1 미네소타 트윈스(Minnesota Twins)의 전신 구단

❸ FA 제도의 순기능

FA 제도가 선수들에게 불리한 것만은 아니다. 재능을 인정받은 선수가 일정한 조건을 갖추고 보류조항을 벗어나면 FA 제도는 그 선수의 시장가치를 제대로 높여 주는 도구로써의 역할을 수행한다.

MLB에서 일정 기간 검증된 선수들은 FA 제도를 통해 전력보강을 원하는 팀들의 러브콜을 받게 된다. 이런 시스템은 슈퍼스타를 만들어 냈고, 슈퍼스타의 반열에 들어선 선수들에게는 항상 거액의 보상이 뒤따랐다.

II. 메이저리그(MLB), 일본프로야구(NPB)의 FA 제도

1. 메이저리그(MLB)의 FA 제도

1) MLB의 FA 제도 운영

MLB의 FA 제도를 논하기 위해서는 먼저 '서비스 타임'(Service Time)의 개념을 알아야 한다.

서비스 타임이라는 것은 MLB 각 팀의 25인 로스터[2]에 등재된 선수들의 활동 기간을 일수/연수 단위로 표기한 것이다.

이는 MLB에서 활약한 선수들의 경력을 나타내는 지표로 사용된다. 일종의 MLB 경력증명서로 서비스 타임에 따라 선수들이 행사할 수 있는 권한은 달라진다.

---

2 메이저리그 각 팀에서 1군 경기에 출전할 수 있는 제한 인원을 의미한다. 시즌 초중반(개막~8월 31일)에는 25인 로스터를 운영하고 종반(9월 1일~시즌 종료)에는 40인 로스터로 확대된다.

〈표 7-1〉 MLB 서비스 타임(연수)에 따른 계약 조건 변화

사례	서비스 타임 연수(年數)	계약 조건
1	3년 미만	• MLB에 데뷔하는 신인들에게 적용되는 기간 • 구단이 협상의 절대 권한 보유 • 구단에서 일방적으로 정해 주는 연봉 수용, 협상 불가
2	슈퍼2	• 3년 이내에 좋은 성적을 거두고도 제대로 된 대우를 받지 못하는 경우를 방지하기 위한 제도 • 2년 이상 3년 미만 선수들 중에 등록일수 상위 22%에게 연봉 조정신청 자격을 부여하는 제도 • 슈퍼2 조항에 해당되는 선수들은 FA 자격이 주어지기 전까지 연봉 조정신청 자격을 유지하며 연봉 수령
3	3년	• 서비스 타임 3년 이상이 되면 연봉 조정 자격을 갖고 연봉 조정신청 가능 • 25인, 40인 로스터에서 제외되는 것에 대한 거부권도 행사 가능
4	5년	• 마이너리그 거부권 행사 가능, 구단이 선수에 대한 마이너 옵션을 갖고 있다고 해도 선수의 동의 없이 마이너리그로 강등 불가 • 완전한 메이저리거로 인정
5	6년	• FA 자격이 주어지면서 FA 시장 진출
6	10년	• MLB에서 10년을 채운 선수 중 한 팀에서 5년 이상 활동하면 트레이드에 대한 거부권 행사 가능 • 팀의 프랜차이즈 스타 대우 반열

MLB에서 '서비스 타임 1년'은 '서비스 타임 172일'을 의미한다. 일반적으로 MLB의 리그 운영 기간은 183일이지만 선수들이 183일을 모두 소화했더라도 적용 기간은 최대 172일까지만 인정한다. 다만, 마이너리그에서 시즌 중간에 MLB로 승격된 선수들은 실제 경기에 투입된 날부터 서비스 타임을 계상한다.

〈표 7-1〉에서 보듯이 MLB에서 서비스 타임 3년 미만인 선수들은 구단의 노예처럼 살게 된다. 구단이 협상의 절대적인 권한을 갖고 있기 때문이다. 연봉도 구단이 일방적으로 정해 주는 금액을 받아들여야 한다.

3년이 지나면 보류조항의 제한적 해제로 인해 연봉 조정 자격을 가질 수 있다. 이 시점부터 FA 자격이 주어지는 6년 차까지는 선수와 구단의 연봉 조정이 가능하다. 이 시기에 선수가 연봉 조정을 신청하면 구단과 선수는 연봉 협상 테이블에 앉게 된다. 만일 구단에서 선수의 연봉 조정신청을 거부하면 구단이 선수에 대한 소유권을 포기한 것으로 간주하고 그 선수는 바로 FA가 된다. 만일 구단이 선수의 연봉 조정신청을 받아들였는데 양측의 주장이 첨예하게 엇갈려 결론이 나지 않으면 분쟁조정심판을 하게 된다. 분쟁조정심판의 조정위원들은 구단이나 선수 중 하나의 의견에 손을 들어 줘야 한다. 중간 정도에서의 타협 권고는 없다.

MLB에서 6년 차까지 살아남은 선수는 어떤 보류조항에도 묶이지 않는 완벽한 FA 자격을 획득한다. MLB는 KBO와 달리 FA 선수의 이적에 따른 보상 선수나 보상금 같은 제도가 존재하지 않는다. 다만, FA 자격을 얻은 선수가 다른 팀으로 이적할 때는 선수의 새로운 소속팀에서 원래 소속팀에게 신인 지명권을 넘기는 보상픽 제도가 부분적으로 존재한다.

2) 퀄리파잉 오퍼(Qualifying Offer, QO) 시스템

얼마 전 우리나라 야구팬들은 류현진 선수를 통해 퀄리파잉 오퍼(Qualifying Offer, QO)라는 FA 제도의 낯선 용어를 접했다.

MLB에서는 FA 자격을 획득한 선수에 대해 원 소속구단이 1년간의 단기 계약을 제안할 수 있는데 이 제도를 퀄리파잉 오퍼(이하 QO)라고 한다. QO는 1년 계약 기간에 MLB 전체 연봉 상위 125명에 위치한 선수들의 평균 연봉을 주는 방식이다. 그러므로 MLB에서 QO를 제안받은 선수가 이를 수용하면 소속팀과는 상관없이 동일한 연봉을 받게 된다.

류현진은 LA 다저스로부터 1년간 1,790만 달러(한화 약 200억 원)를 제안받았다. 이는 LA 다저스뿐 아니라 모든 MLB 구단에서도 같은 조건이 된다. 2018년 MLB 연봉 상위 125명의 평균 연봉이 1,790만 달러(한화 약 200억 원)이기 때문이다.

QO가 진행되는 일반적인 과정은 다음과 같다. 구단은 그 해를 마지막으로 FA자격을 얻는 선수에게 QO를 제안할 수 있다. 구단이 QO를 제안할 수 있는 선수는 1년 이상 그 팀에 소속된 선수여야 한다.

QO 제안 기간은 월드시리즈 종료 후 5일 이내이며, 각 구단이 MLB 사무국에 QO 명단을 건네면 사무국이 발표한다. 명단에 포함된 선수는 일주일 내에 이를 받아들일지 거부할지의 여부를 결정해야 한다. 선수가 QO를 제의받았지만 이를 거부하고 다른 팀으로 옮겨갈 경우, 그 선수를 영입한 팀은 1라운드 지명권을 상실하고, 원 소속팀은 1라운드와 2라운드 사이의 보상 라운드 지명권을 얻게 된다.

QO 시스템은 이를 제안하는 구단과 수용하는 선수 양측 모두 여러 가지 경우의 수를 따져 봐야 하는 약간 복잡한 게임이다.

구단 입장에서는 장기계약을 하지 않고도 쓸모 있는 선수를 1년 동안 활용할 수 있기 때문에 이른바 먹튀를 방지할 수 있다는 이점이 있다. 반면, QO를 제안받은 선수가 1년 동안 발군의 실력을 발휘하면, 그 다음 해의 연봉이 훨씬 더 상승하게 된다는 위험도 있다.

반대로 선수 입장에서는 당장의 장기계약으로 대박을 칠 수 있는 기회는 사라지지만 QO 기간에 인상 깊은 활약상을 보여 주며 자신의 가치를 더욱 높일 수 있다는 장점이 있다. 반면, QO 기간에 부상이라도 당하면 FA 대박을 칠 수 있는 장기계약의 기회가 사라질 수도 있다.

MLB의 FA 대박은 KBO리그와는 비교할 수 없을 정도로 상상을 초월하는 규모이다. MLB는 미국의 자본주의 정신과 거대한 프로야구 시장 규모가 어우러지면서 실질적으로 선수 연봉 제한의 상한선이 없다.

메이저리그에서 최고의 대우를 받았던 선수로 기록되는 알렉스 로드리게스(Alex Rodriguez)는 2001년부터 2007년까지 해마다 2,520만 달러(한화 약 277억 원[3])를, 2008년부터 은퇴한 2016년까지는 해마다 2,750만 달러(한화 약 303억 원)의 연봉을 받았다. MLB에서 활약하며 세계 최고의 프로야구 선수로 인정받으면 이런 보상이 뒤따른다.

2. 일본프로야구(NPB)의 FA 제도

1) 10년 선수 제도

1936년에 출범한 일본프로야구(Nippon Professional Baseball, 이하 NPB)에서 FA 제도는 1993년에 처음 도입되었다. 하지만 공식적인 FA 제도 도입 이전에도 이와 유사한 제도가 있었다.

---

3 1달러=1,100원 적용

그것은 1947년부터 1975년까지 시행한 '10년 선수 제도'이다. 이는 말 그대로 한 선수가 NPB리그의 소속 팀에서 10년 이상 활약하면 그에 대한 보상을 해 주는 제도이다.

그런데 한 팀에서 10년간 선수 생활을 했는지, 여러 팀을 옮겨가면서 10년간 선수 생활을 했는지에 따라 보상 내용은 조금 달라진다. 한 팀에서 10년을 채운 선수는 자유계약 권리와 재계약금 수령 권리 중 하나를 선택할 수 있었고, 여러 팀에서 10년을 채운 선수는 재계약금 수령 권리만 부여받을 수 있었다.

2) FA 자격 요건

NPB리그에서 FA 자격을 얻는 것은 2007년 드래프트 참가를 기준으로 조금 달라진다. 2007년 이전 드래프트에 참가하여 NPB리그에 진출한 선수들은 무조건 8년이 경과해야 FA 자격을 획득하였다. 하지만 규정이 변경되어 2007년 드래프트에 참가한 선수부터는 고졸과 대졸 및 사회인 야구 출신으로 나누어 FA 자격 연한을 따로 구분한다.

〈표 7-2〉 NPB리그 FA 자격 요건

NPB리그 내 이동			
아홉 분	2006 이전 데뷔 선수	2007 이후 데뷔 선수	
아홉 분	8년	고졸	대졸 및 사회인
		8년	7년
해외리그 진출			
자격요건	9년		

2007년 이후 드래프트 참가자들 중에 고졸 출신들은 여전히 8년을 채워야 FA 자격을 얻을 수 있지만, 대졸 및 사회인 야구 출신 선수들은 7년만 채우면 FA 자격을 취득할 수 있다. 이런 조건도 NPB리그 내에서 활동할 경우에만 해당되며 만일 해외리그에 진출하기 위해서는 무조건 9시즌을 채워야 한다.

3) 선수 등급제

NPB리그의 FA 제도는 특이한 점이 있다. 그것은 2008년부터 도입된 선수 등급제이다. 선수 등급제는 FA 자격을 얻은 선수가 해당 구단에서 어느 정도의 연봉 순위를 점하고 있느냐에 따라 선수들의 등급을 나누는 것이다.

〈표 7-3〉 NPB리그의 FA 보상 체계

포지션	이름	소속팀
현금 보상	A급	이적 팀에서 원 소속팀에 전년도 이적 선수 연봉의 80% 보상
	B급	이적 팀에서 원 소속팀에 이적 선수의 전년도 연봉의 60% 보상
현금 + 보상 선수	A급	이적 선수 전년도 연봉의 50% 보상+보상 선수 1명 지명 (보호 선수 28명+외국인+신인 드래프트 제외)
	B급	이적 선수 전년도 연봉의 40% 보상+보상 선수 1명 지명 (보호 선수 28명+외국인+신인 드래프트 제외)
선수 보상 거부 시	A급	전년도 선수 연봉의 30% 지불
	B급	전년도 선수 연봉의 20% 지불
FA 자격 재취득 시에는 현금 보상 액수는 50% 감면 적용		

FA 자격을 갖춘 선수의 연봉이 팀 내에서 1~3위 안에 들면 A급, 4~10위이면 B급, 그 외에는 C급이 된다. 이렇게 선수들의 등급을 나누는 것이 약간 비인간적으로 보일 수도 있으나 NPB리그는 명확한 보상 규정을 위해서이 제도를 도입했다.

FA 제도 시행에 있어서 NPB리그와 KBO리그의 결정적인 차이점이 있다. KBO리그 선수는 일정 자격이 주어지면 FA 신청을 한 후에 원 소속팀혹은 다른 팀과 계약을 하지만, NPB리그 선수는 원 소속팀에 잔류하길 희망할 경우 FA 자격 신청을 하지 않고 연봉 협상을 통해 재계약을 실시한다는 점이다.

Ⅲ. KBO리그의 FA 제도

1. FA 시스템

1) 도입

KBO리그의 FA 제도는 2000년에 처음 도입되었다. FA 선수와 구단으로부터 방출통보를 받은 자유계약 선수를 구분하기 위해 FA 선수를 '프리에이전트'라고 부른다.

KBO 야구규약 제30조를 보면 자유계약 선수에 대해 알 수 있다. 자유계약 선수는 '우리는 네가 필요 없으니 집에 가도 된다'는 의미이다. 선수 생명의 끝을 의미한다. 반면, FA 선수는 대박 행진의 신호탄이다. 자유계약 선수와 FA 선수는 정반대의 개념이다.

〈그림 7-2〉 KBO 야구규약에 의한 자유계약 선수(출처 : 2018 KBO 야구규약)

제30조 [자유계약 선수] 다음 각호의 어느 하나에 해당하는 선수로서 당해 선수 또는 소속구단의 요청에 따라 총재가 자유계약 선수로 공시한 선수는 어떤 구단과도 자유로이 선수계약을 체결할 수 있다.
1. 선수계약이 이의의 유보 없이 해지되었거나 KBO 규약에 따라 효력을 상실하였다고 인정된 선수
2. 보류기간 중 소속구단이 보류권을 상실하였거나 포기한 선수
3. 제31조 제3항에 따라 자유계약 선수로 신분이 변경된 선수
4. 기타 KBO 규약에 의하여 자유계약 선수로 신분이 변경된 선수

[2016.10.13 개정]

※ 제46조 [선수에 의한 계약해지],
제60조 [보류 기간이 종료한 선수의 신분],
제61조 [보류되지 않은 선수], 제63조 [보류수당의 미지급],
제66조 [복귀신청], 제99조 [양도신청이 없는 경우의 특례]

2) 절차

한국시리즈가 끝난 후 5일 뒤에 KBO는 FA 자격자를 공시한다. 그 후 FA 자격을 획득한 선수는 2일 이내에 FA 승인 신청서를 작성해서 소속구단에 통보하고 구단은 이를 KBO에 제출해야 한다.

KBO는 FA 신청 마감 다음 날, FA 자격선수를 공시한다. 이렇게 FA 자격을 획득한 선수는 원 소속구단은 물론이고 어느 구단에도 속하지 않는

FA 선수가 된다. 이때부터 모든 구단과 자유롭게 협상을 진행할 수 있다.

2016년 이전까지는 원 소속구단을 배려하여 FA 자격 획득 선수가 1주일 동안 원 소속구단과 우선협상을 할 수 있는 기간을 부여했다. 하지만 우선협상 기간의 무용론이 제기되면서 2016년부터는 선수가 FA 자격 획득과 동시에 원 소속구단을 포함한 모든 구단과 자유롭게 협상에 임할 수 있다.

3) 자격

KBO리그에서 FA 선수 자격을 얻기 위해서는 한 해 동안 소정의 경기 수 이상을 출전해야 하고 그 경기 수를 채운 상태에서 일정한 햇수를 채워야 한다.

한 해 동안 정해진 경기 수는 타자와 투수가 다르다. 타자는 정규시즌 경기의 3분의 2 이상을 출전해야 한다. 2018년 기준으로 정규시즌이 144경기이므로 96경기에 출전해야 한 시즌을 채운 것으로 간주한다. 투수는 규정 투구 횟수의 3분의 2 이상(96이닝)을 투구하거나 1군 등록 기간이 145일 이상이어야 한 시즌을 채운 것으로 간주한다.

선수들은 이렇게 9시즌을 보내야 FA 자격을 얻을 수 있다. 다만, 4년제 대학 졸업자는 8시즌만 채우면 FA 자격을 획득하는데 이는 KBO리그에 잔류할 경우로 한정한다. 만일 대학 졸업자가 해외리그로 진출하고자 한다면 9시즌을 채워야 한다. FA 선수가 다시 한 번 FA 자격을 얻기 위해서는 4년이 경과해야 한다. FA 자격선수가 해당 연도에 FA 신청을 보류하는 경우에는 다음 해에 재자격선수로 신청이 가능하다.

2006년 국가대표로 선발되어 WBC 경기에 참가한 두산의 김동주는 3월 3일 대만과의 경기에서 6회 초 내야 땅볼을 치고 1루에 헤드 퍼스트 슬라이딩을 하다가 1루 베이스에 왼쪽 어깨를 부딪쳐 탈구되면서 골절상을 입었다. 결국, 전반기를 모두 결장하고 8월에 복귀한 김동주는 자신의 이름에 걸맞지 않은 성적으로 시즌을 마감하였다.

문제는 김동주가 시즌 후 FA 선수 자격을 획득한다는 데 있었다. 김동주의 부상에 대한 보상 수준을 고민하던 KBO는 결국 이사회를 개최하여 김동주의 시즌 결장에 대해 부분적으로 보상하는 방안을 내놓았다. 그 사건으로 인해 국가대표로 선발되어 부상당한 경우에는 결장 일수의 절반을 FA 일수로 보상해 준다는 제도가 생겼다.

2009년 2회 WBC 대회부터는 국가대표 선수로 차출될 경우, 40일을 FA 일수로 인정하는 보완제도도 생겼다.

2017년 이전까지는 국가대표로 선발되어 올림픽(동메달 이상), 아시안게임(금메달), WBC(4강), 프리미어 12(3위) 등의 성적을 거두면 그에 따라 FA 등록일수를 보상받았다. 하지만 2017년부터는 제도가 개선되어 국가대표로 선발되면 성적과 상관없이 소집 기간 전체를 FA 등록일수로 보상해 주고 있다.

4) 보상 규정

FA 자격을 얻은 선수가 원 소속구단에서 타 구단으로 이적하는 것은 선수와 영입구단의 계약으로 끝나는 것이 아니다. FA 선수가 이적하면 영입

구단과 원 소속구단 간에 채무 관계가 발생한다. 이런 채무 관계를 깔끔하게 정리하기 위해 도입한 제도가 보상 규정이다.

KBO리그의 보상 규정은 NPB리그의 모델에서 차용한 것이다. MLB에는 보상 규정이 없다. 보상 과정은 다음과 같다. FA 선수가 원 소속팀을 떠나 이적할 경우, FA 선수 영입구단은 KBO 총재의 계약 승인 공시로부터 3일 이내에 보호 선수(20인)를 제외한 보상 선수명단을 원 소속구단에 제시해야 한다. 원 소속구단에 소속되어 있는 선수들(65명) 중에 외국인 선수, 그해 FA 신분 선수, 신인 선수, 군 복무 중인 선수, 그해 2차 드래프트 지명 선수, 그해 FA 보상 선수로 이적한 선수 등은 자동 보호 대상이 되어 보상 선수명단에서 제외된다. 다만, 보호 선수 20명 안에 누가 들어갔는지의 여부는 대외적으로 공개하지 않고 원 소속구단만이 알 수 있다. 원 소속구단은 보상 선수명단 제시 후 3일 이내에 이적 선수의 '전년도 연봉의 300%' 혹은 '전년도 연봉의 200%+보상 선수 1명' 중 하나의 카드를 선택해야 한다.

신생구단이 창단되어 FA 선수를 영입할 경우, 보상 선수는 받을 수 없고 전년도 이적 선수 연봉의 300% 금액만 보상금으로 받을 수 있다. 신생구단은 선수가 부족하기 때문에 보상해 줄 여건이 안 되기 때문이다.

5) 포스팅(posting) 제도

KBO리그에서 활약하는 선수가 해외리그로 진출하기 위해서는 원칙적으로 9시즌을 보낸 후 FA 자격을 획득하게 된다. 하지만 포스팅 제도를 통해서는 7시즌 만에 해외 진출이 가능하다.

포스팅 제도란, '이런 선수가 있으니 관심 있는 각 구단은 입찰을 통해 이 선수를 영입할 수 있다는 것을 공표하는 제도'이다. 선수에게 FA 자격을 부여하는 것은 아니지만, KBO리그에서 7시즌 이상 뛴 선수가 소속구단과의 합의하에 해외리그 진출 자격을 얻을 수 있는 제도이다.

구단이 선수와 합의할 수 있는 여지가 있는 것은, 소속팀의 선수가 해외리그에 진출하면 그로 인한 포스팅 금액을 구단이 모두 가져갈 수 있기 때문이다. 다만, 포스팅에 참여했던 선수가 해외리그 진출에 실패하여 다시 국내로 돌아올 경우에는 원 소속구단으로 돌아와야 한다.

KBO리그에서 가상의 구단인 A구단의 B선수가 MLB에 포스팅을 추진하는 방식은 다음과 같다.

첫째, 구단과 선수가 합의하여 KBO에 포스팅 시스템을 신청한다.

둘째, KBO에서 MLB 사무국에 B 선수의 포스팅을 신청한다.

셋째, MLB 사무국은 4일 동안 MLB의 30개 팀을 대상으로 B선수에 대한 비공개 입찰을 받는다.

넷째, MLB 사무국은 비공개 입찰의 결과(최고입찰 금액만 공개하고 팀은 공개하지 않음)를 KBO에 보낸다. 팀을 공개하지 않는 이유는 오로지 시장 가치(입찰 금액)만 보고 판단하도록 유도하기 위해서이다.

다섯째, KBO에서 A구단에 B선수의 포스팅 최고가 금액을 통보한다.

여섯째, 결과 통보 후 4일 동안 A구단은 입찰 금액을 받아들일지를 결정한다.

일곱째, A구단이 입찰 금액을 받아들인다면 MLB 사무국은 최고입찰가를 써낸 팀이 어느 팀인지 알려 주고, 그 팀은 포스팅비 전액을 A구단에 지급한다. 이후 MLB의 팀과 B선수는 30일간의 협상에 들어간다. 만일 30일 이내에 계약하지 않으면 포스팅은 자동 파기된다.

A구단이 최고입찰 금액을 받아들이지 않을 경우에는 최고입찰가를 제시한 팀을 끝내 밝히지 않고 그것으로 포스팅은 종료된다.

KBO리그에서 최초로 포스팅에 참여한 선수는 LG 트윈스의 이상훈이었다. 1997년 시즌 종료 후, LG 트윈스와 보스턴 레드삭스(Boston Red Sox)는 2년간 임대료 250만 달러, 연봉 220만 달러의 조건으로 이상훈을 임대하기로 합의했다.

하지만 MLB 사무국은 30개 구단 전체가 균등한 입찰 기회를 부여받아야 한다는 유권해석을 내렸다. 이에 이상훈의 보스턴 레드삭스행은 무산되었고, 그는 MLB 포스팅에 참여해야 했다. 이 포스팅에서 보스턴 레드삭스는 기존의 입장을 바꾸었다. 2년 임대 시의 계약 조건과는 다르게 60만 달러의 포스팅 금액을 제시했다. 이에 화가 난 LG 트윈스는 MLB 포스팅을 접고 이상훈을 NPB의 주니치 드래곤즈에 임대 형식으로 보냈다.

2001년 7월에는 한국야구위원회(KBO)가 아마추어 유망주들의 무분별한 해외 유출 방지와 국내 프로야구의 원활한 선수 수급을 위해 한-미 프로야구협정 개정에 나서면서 우리나라에도 정식으로 포스팅 제도를 도입했다.

2001시즌 종료 후, 두산 베어스의 진필중은 포스팅에 참여했지만, MLB 구단 중 그를 찾는 팀은 없었다. 진필중은 2002시즌 후 재도전했으나 2만 5,000달러라는 낮은 포스팅 금액을 제시받았다. 연습생보다 못한 굴욕적인 입찰 금액에 그는 MLB 진출을 포기했다.

임창용도 2002시즌 종료 후 포스팅에 참여했다. 포스팅 금액으로 65만 달러를 제시받은 그도 MLB 진출을 포기했다.

협정 개정 이후 실질적으로 포스팅 제도를 통해 MLB에 진출한 선수가 없었기 때문에 포스팅 제도는 거의 유명무실한 제도로 자리하고 있었다. 포스팅 제도를 통해 최초로 미국에 진출한 선수는 롯데 자이언츠의 최향남이었지만 종착지는 MLB가 아니라 마이너리그였다.

2009년 최향남은 세인트루이스 카디널스(St. Louis Cardinals)와 단돈 101달러에 마이너리그 계약을 맺었다. '향기 나는 남자', 최향남의 도전은 아름다웠으나 시범경기에서 단 2이닝만 던지고 2009년 3월 세인트루이스 카디널스에서 방출되었다.

2012시즌 후 포스팅 제도로 대박을 기록한 선수가 등장했다. 괴물 투수 류현진이다. 그는 의미 있는 숫자들을 조합한 듯한 25,737,737달러 33센트라는 거액의 포스팅 금액을 기록하며 LA 다저스로 이적했다.

2014시즌 후에는 SK 와이번스의 김광현, KIA 타이거즈의 양현종, 넥센 히어로즈의 강정호 등 3명이 포스팅 의사를 밝혔다. 김광현(200만 달러), 양현종(150만 달러)은 MLB 진출을 포기했고 강정호(500만 달러)는 MLB에 진출했다.

2015시즌 후에는 넥센 히어로즈의 박병호, 롯데 자이언츠의 손아섭, 황재균 등이 포스팅 의사를 밝혔다. 박병호는 1,285만 달러(약 147억 원)라는 거액의 입찰 금액을 제시받았다. 이는 KBO리그 선수들 중 역대 두 번째로 높은 기록이었다. 그러나 손아섭과 황재균에 대해서는 MLB의 어느 팀도 관심을 보이지 않았다.

2018년 7월 12일, 새로운 한미 선수계약협정이 발표되었다. 2001년 이후 17년 만의 변화였다. 주요 내용은 포스팅 요청 선수가 협상할 수 있는 구단 수의 변화와 이적료의 세분화 등 두 가지이다.

기존에는 최고 입찰 금액을 제시한 MLB 구단과 단독으로 협상을 진행했으나 개정안에 따르면 선수가 계약 의사를 밝힌 모든 구단과 30일 동안 자유롭게 협상을 진행할 수 있게 되었다.

또한, 선수의 원 소속구단이 지급받는 이적료도 세분화됐다. 그동안 제한이 없던 이적료는 포스팅이 된 선수와 MLB 구단의 계약 규모에 따라 일정 비율을 지급받는 형식으로 바뀌었다.

선수의 전체 보장 계약 금액이 2,500만 달러 이하일 경우, MLB 구단은 선수의 전체 보장 계약 금액의 20%를 선수의 원 소속구단에 지급한다. 전체 보장 계약 금액이 2,500만 1달러 이상, 5,000만 달러 이하일 경우에는 최초 2,500만 달러에 대한 20%에 2,500만 달러를 초과한 금액의 17.5%를 더한 금액이 원 소속구단에 지급하는 이적료가 된다. 5,000만 1달러 이상일 경우에는 최초 2,500만 달러에 대한 20%에 2,500만 1달러부터 5,000만 달러까지에 대한 17.5%, 그리고, 5,000만 달러를 초과한 금액의 15%를 더해 원 소속구단에 대한 이적료를 산정한다. 구간이 세분화되어 조금 복잡해 보이지만 금액에 따라 차등 요율을 적용하는 것은 우리나라의 현행 누진세 제도와 유사하다.

<표 7-4> 개정 협약의 이적료 세분화 내용

구간	전체 보장 계약 금액(달러)	요율(%)
1	~2,500만	20
2	2,500만 1~5,000만	17.5
3	5,000만 1~	15

예를 들어, KBO리그 A라는 팀의 B선수가 포스팅을 통해 MLB의 C팀으로 전체 보장 계약 금액 3,000만 달러에 이적하게 될 경우, C팀이 A팀에게 지급해야 하는 이적료는 다음과 같다.

우선 3,000만 달러라는 금액은 1구간을 지나 2구간의 어디쯤 있다. 1구간은 3,000만 달러 중 2,500만 달러에 대한 20% 정산 구간이므로 500만 달러가 나온다. 이제 남은 금액은 3,000만 달러 중 1구간에서 정산이 끝난 2,500만 달러를 제외한 500만 달러이다.

이 500만 달러에 2구간의 요율인 17.5%를 적용하면 87.5만 달러가 나온다. 즉, 3,000만 달러가 1, 2구간을 지나면서 500만+87.5만 달러가 되어 총 587.5만 달러가 되는 것이다. 이 금액이 3,000만 달러에 C팀이 A팀의 B선수를 데려갔을 때 C팀이 A팀에게 지불해야 하는 이적료이다.

이번에는 1억 달러에 이적하게 되는 경우이다. 1억 달러의 이적료는 1, 2구간을 지난 후 3구간의 어디쯤이다. 1구간은 1억 달러 중 2,500만 달러에 대한 20% 정산 구간이므로 500만 달러가 나온다. 이제 남은 금액은 7,500만 달러이다. 이 금액이 2구간을 지나면 2,500만 달러(2구간의 범위가 2,500만1~5,000만 달러이므로)에 대한 17.5% 정산 구간이므로 437.5

만 달러가 된다. 1, 2구간을 거치면서 5,000만 달러에 대한 정산은 끝났고, 이제 남은 5,000만 달러의 계산이 남았다. 3구간으로 넘어가 15%를 적용하면 750만 달러가 된다. 정리해 보면 1억 달러가 1, 2, 3구간을 거치며 나오는 이적료는 500만+437.5만+750만으로 총금액이 1,687.5만 달러이다. 이 금액이 1억 달러에 C팀이 A팀의 B선수를 데려갔을 때 C팀이 A팀에게 지불해야 하는 이적료이다.

전술하였듯이 포스팅 제도는 7시즌 경과 후에 신청할 수 있고, FA는 9시즌 경과 후에 신청할 수 있는 제도이다. 그러므로 포스팅을 통해 해외리그에 진출했던 선수가 다시 국내로 돌아올 경우에 산술적으로 계산하면 2시즌만 채우면 FA 자격을 획득할 수 있다. 하지만 포스팅으로 해외 진출을 한 경우에도 FA 자격을 행사한 것으로 간주되기 때문에 2시즌이 아닌 4시즌을 채워야 FA 신청 자격이 주어진다.

예를 들어, 포스팅을 통해 MLB에 진출하여 2시즌을 뛰고 돌아온 박병호는 2018시즌부터 4시즌 후인 2022년에 FA를 신청할 수 있다.

6) 고비용 논란

FA 자격을 획득한 선수들이 다른 선수들의 부러움을 한 몸에 받는 것은 'FA는 곧 대박'이라는 공식이 성립하기 때문이다. FA 자격 획득 선수들은 대박의 꿈을 이룰지 몰라도 많은 연봉을 지급하는 구단들은 재정압박에 시달릴 수 있다. 또한, 일부 팬들은 고비용의 FA 선수들이 그 금액에 어울리는 활약을 하는지에 의구심을 갖는다. 이는 자연스럽게 거품 논란으로 이어진다.

FA 선수들의 몸값 거품에 대한 이야기가 나온 것은 어제오늘 일이 아니다. 이를 방지하기 위해 KBO는 나름대로 특단의 대책을 발표했다.

2018년 9월 12일, KBO의 정운찬 총재는 기자들 앞에 섰다. 전날 개최된 KBO 이사회에서 나온 KBO 제도 개선 방안을 발표하기 위한 것으로, 개선 방안의 주요골자는 선수들의 '몸값'에 관련된 내용이었다.

첫째, 외국인 선수의 임금 총액 제한이다. 2019 시즌부터 한국에 오는 신규 외국인 선수의 임금 총액(이적료 포함)을 100만 달러로 제한하기로 했다는 내용이다. 그동안 KBO리그의 각 팀은 좋은 외국인 선수를 영입하기 위해 외국 에이전트들과 접촉했는데, 이들이 영입 선수의 원 소속구단에 선수 임금 총액에 육박하는 이적료를 주는 등 농간을 부렸고, 이를 방지하는 차원에서 외국인 선수 임금 상한선을 책정했다는 것이다.

둘째, 국내 FA 선수들의 연봉 관련 수정안이다. FA 선수계약 총액 제한(4년 최대 80억 원), FA 선수 자격 요건 완화, FA 선수 등급제 시행, 부상자 명단 신설, 선수 최저 연봉 인상 등 5가지 내용이다. 그중에서 가장 핵심이 되는 내용은 FA 선수의 계약 총액 제한이다. 계약금은 총액의 30% 이내로 정하고 FA 선수의 계약 규모를 4년 최대 80억 원으로 제한하는 대신 자격 요건을 고졸 8시즌, 대졸 7시즌으로 현재보다 1년씩 앞당긴다는 내용이다.

언뜻 보면 합리적인 제안이라고 생각할 수도 있지만 이럴 경우 구단에 큰 이익이 돌아가는 구조이다. FA 제도에서 가장 큰 문제점으로 대두되는 것은 선수들의 '먹튀'이다. 먹튀는 선수들의 고의적인 도덕적 해이에서 발생하기도 하지만 나이가 들면서 운동선수의 체력적인 한계에 기인한 부분이 크다.

FA 진입 기간을 줄이는 것은 선수들을 위한 제도가 될 수도 있지만, 실질적으로는 구단을 위한 제도라고 보는 것이 더 타당하다. 또한, FA 선수의 계약 총액을 4년에 80억 원으로 제한하는 것은 1년에 20억 원 이상의 기량을 갖고 있는 선수 양성을 하지 않겠다는 의미이기도 하다. 4년 80억 원이 최고의 계약 조건이라고 상한선을 두면, 선수들은 그 이상의 실력을 갖추려 하지 않을 것이다. 이는 KBO리그의 전반적인 수준 저하를 초래할 수도 있다.

2. KBO리그의 FA 선수

1) 최초의 FA 선수

KBO리그 최초의 FA 선수는 해태 타이거즈의 이강철이다. 그는 3년간 총 8억 원의 FA 계약을 맺었다. 이강철은 FA 자격을 얻은 후, 해태 타이거즈에서 삼성 라이온즈로 이적했는데 그의 보상 선수는 삼성의 박충식이었다. 결국, 박충식은 KBO리그 FA 제도의 최초 보상 선수로 기록되고 있다.

이름	원 소속팀	이적 팀	계약 기간(년)	계약 내용(억 원)	보상 선수
김동수	LG 트윈스	삼성 라이온즈	3	8	김상엽
김정수	해태 타이거즈	잔류	1	1.5	
송유석	LG 트윈스	잔류	1	0.75	
송진우	한화 이글스	잔류	3	7	
이강철[4]	해태 타이거즈	삼성 라이온즈	3	8	박충식
조규제	현대 유니콘스	기아타이거즈	2	4.5	

4 KBO리그 최초의 FA 선수로 기록되고 있다.

〈표 7-6〉 2018년 FA 계약 내용

이름	원 소속팀	이적 팀	계약 기간(년)	계약 내용(억 원)	보상 선수
강민호	롯데 자이언츠	삼성 라이온즈	4	80	나원탁
권오준	삼성 라이온즈	잔류	2	6	
김승회	두산 베어스	잔류	1+1	3	
김주찬	기아 타이거즈	잔류	2+1	27	
김현수	두산 베어스	LG 트윈스	4	115	유재유
문규현	롯데 자이언츠	잔류	2+1	10	
민병헌	두산 베어스	롯데 자이언츠	4	80	백민기
박정진	한화 이글스	잔류	2	7.5	
손시헌	NC 다이노스	잔류	2	15	
손아섭	롯데 자이언츠	잔류	4	98	
안영명	한화 이글스	잔류	2	12	
이대형	kt 위즈	잔류	2	4	
이종욱	NC 다이노스	잔류	1	5	
정근우	한화 이글스	잔류	2+1	35	
정의윤	SK 와이번스	잔류	4	29	
지석훈	NC 다이노스	잔류	2	6	
채태인	히어로즈	롯데 자이언츠	2	10	박성민
최준석	롯데 자이언츠	NC 다이노스	1	0.55	
황재균	롯데 자이언츠	kt 위즈	4	88	조무근

〈표 7-5〉는 2000년의 FA 계약 내용이고 〈표 7-6〉은 2018년의 FA 계약 내용이다. 2000년과 2018년의 FA 계약 내용을 비교해 보면 2018년의 FA 계약 내용은 금액 규모에서 2000년의 계약 내용과는 상당한 차이를 보이고 있다. 18년 동안 급등한 계약금액은 시간의 흐름에 따른 물가상승률의 반영이라고만 설명하기에는 설득력이 떨어진다. 그보다는 18년간 한국 프로야구의 인기 상승으로 인한 시장 규모의 확장과 FA 선수 영입 경쟁에 기인한 것으로 보는 것이 타당하다.

2) 역대 FA 선수들

2000~2018년까지 FA 계약 체결 선수는 총 172명, 계약 체결 건수는 총 218회이다. FA 자격 획득 횟수를 살펴보면 1회 획득이 131명, 2회 획득이 36명, 3회 계약 선수는 5명이다.[5]

〈표 7-7〉 역대 FA 계약 체결 정리

계약체결 건수	계약체결 선수	1회 계약	2회 계약	3회 계약	잔류	이적
218회	172명	131명	36명	5명	145회 (66.5%)	73회 (33.5%)

FA 계약을 체결하면 원 소속팀 잔류 혹은 다른 팀으로의 이적 둘 중 하나의 결과로 귀착된다. 역대 FA 계약체결 건수인 218회를 분석한 결과를 살펴보면 잔류가 66.5%(145회)였고 이적이 33.5%(73회)였다. 분석결과 잔류 혹은 이적 여부가 FA 대박과는 상관없는 것으로 나타났다.

---

5 해외 진출 후 계약 기간을 채우지 못하고 KBO리그에 복귀한 경우도 1회로 계상하였다.

연도별로 살펴보면 FA 계약체결 인원은 2011년에 3명으로 가장 적었고 2016년에는 22명으로 가장 많았다.

〈표 7-8〉 연도별 FA 계약체결 인원

연도	인원	연도	인원	연도	인원	연도	인원
2000	6	2005	11	2010	8	2015	20
2001	6	2006	14	2011	3	2016	22
2002	4	2007	10	2012	18	2017	15
2003	4	2008	7	2013	11	2018	19
2004	12	2009	11	2014	17		

3) 계약 총액으로 살펴본 FA 선수

역대 FA 계약체결 선수들을 조사한 결과, 누적 총액 50억 원 이상의 계약을 체결한 선수들은 총 37명이었다. 계약체결 총액 순위를 살펴보면 이대호가 6년간 236억 원으로 최고액을 기록했다. 이는 2012년 오릭스 버팔로스와의 계약도 포함한 내용이다. 다음으로 김현수(192억 원), 강민호(155억 원), 김태균(154억 원), 장원삼(140억 원) 등의 순으로 나타났다.[6]

〈표 7-9〉 역대 FA 계약 총액 순위

순위	이름	계약연수	계약 총액(억 원)	회차	평균 금액(억 원)
1	이대호	6	236	2	39.3
2	김현수	6	192	2	32.0
3	강민호	8	155	2	19.4
4	김태균	7	154	2	22.0
5	장원삼	8	140	2	17.5

---

6 본문은 2018년까지를 분석 대상으로 삼았다. 2019년 FA 계약체결을 포함하면 최정이 10년간 192억 원으로 공동 2위를 기록하게 된다.

역대 FA 계약체결 선수 중에 50억 원 이상의 대박을 터트린 선수 중 계약 총액 최저 선수는 김재호(50억 원), 박진만(51억 원), 이호준(54억 원), 이종욱(55억 원), 김강민(56억 원) 등의 순으로 나타났다.

〈표 7-10〉 역대 FA 총액 최저 계약(50억 원 이상)

순위	이름	계약연수	계약 총액(억 원)	회차	평균 금액(억 원)
1	김재호	4	50	1	12.5
2	박진만	5	51	2	10.2
3	이호준	7	54	2	7.7
4	이종욱	5	55	2	11.0
5	김강민	4	56	1	14.0

역대 FA 계약체결 선수 중에 연평균 최고액 선수를 살펴보면 이대호(39.3억 원), 김현수(32억 원), 최형우(25억 원), 손아섭(24.5억 원), 박석민(24억 원) 등의 순으로 나타났다.

〈표 7-11〉 역대 FA 연평균 최고액 순위

순위	이름	계약연수	계약 총액(억 원)	회차	평균 금액(억 원)
1	이대호	6	236	2	39.3
2	김현수	6	192	2	32.0
3	최형우	4	100	1	25.0
4	손아섭	4	98	1	24.5
5	박석민	4	96	1	24.0

50억 원 이상의 대박을 터트린 역대 FA 계약체결 선수 중에 연평균 최저

액 선수는 조인성(7억 원), 정성훈(7.2억 원), 홍성흔(7.6억 원), 이호준(7.7억 원), 이진영(9.1억 원) 등의 순이었다.

여기에 나타나는 역설적인 부분은 연평균 최저액 선수들 중 FA 3회차 이상의 선수가 3명이나 존재한다는 것이다. 역대 FA 계약을 3회 체결한 선수는 총 5명인데 그중 3명이 연평균 최저액 순위에 속한다. 이는 계약 연수와 상관이 있다. FA 계약을 3회 체결하면 자연스럽게 계약 연수가 증가하고, 이는 평균 금액을 낮추는 효과로 이어지기 때문이다.

〈표 7-12〉 역대 FA 연평균 최저액 순위(총액 50억 원 이상)

순위	이름	계약연수	계약 총액(억 원)	회차	평균 금액(억 원)
1	조인성	9	63	3	7.0
2	정성훈	9	65	3	7.2
3	홍성흔	8	61	2	7.6
4	이호준	7	54	2	7.7
5	이진영	10	91	3	9.1

모든 계약은 상호 간에 이루어진다. FA 계약 역시 상호 간에 이루어진다. 그 주체는 선수와 구단이다. 그런데 일반 계약과는 달리 FA 계약에서는 주로 선수가 협상의 주도권을 가지고 있다. 그렇기 때문에 구단은 설득작전, 지연작전, 눈치작전 등 여러 가지 작전을 통해 협상의 우선권을 조금이라도 가져오려고 노력한다.

성공한 FA 계약이란, 선수들 입장에서는 다년간 많은 돈을 받는 것이고 구단 입장에서는 FA 먹튀를 만들지 않는 것이다. 역대 FA 계약 중에서 어떤 것이 성공한 계약이고 어떤 것이 실패한 계약인지를 단정지어 논하기는 어렵다. 연도별로 최고 연봉액 선수, 물가, 수급상황 등이 다르기 때문이다. 마찬가지로 역대 FA 중 누가 최고의 가치를 인정받았는지에 대해서도 단순히 금액만으로 평가하기는 어렵다.

다만, FA 제도에서 한 가지 확실한 것은 프로야구 선수라면 누구나 FA 계약을 통해서 대박을 터트리기를 원한다는 것이다.

Ⅳ. FA-프로야구의 슈퍼스타

KBO리그의 선수 중 1군 경기에 단 한 경기라도 출전한 선수의 확률은 6.07%이다. 이런 확률로 볼 때, 프로야구 선수로서 FA가 될 확률은 지극히 낮다. 높은 진입 장벽을 극복하고 리그에 진입한 후, 8~9년 동안 잔류하면서 준수한 실력이 검증된 선수들만 FA 자격을 얻을 수 있다.

FA 계약을 맺은 선수는 KBO리그 선수들 중에서도 슈퍼스타이다. 그러므로 FA 선수들에 대한 분석은 슈퍼스타의 관점에서 접근해야 한다.

1. 슈퍼스타 정의

많은 연구자들이 경제학의 관점에서 슈퍼스타 현상을 언급하고 분석했다. 현대 경제학에서 슈퍼스타에 대한 정의를 처음 내린 사람은 셔윈 로즌(Sherwin Rosen)이다.

그는 '슈퍼스타란, 상대적으로 적은 수의 사람이 상당히 많은 액수의 돈을 가져가는 사람들, 그들이 종사하는 분야를 지배하는 것처럼 보이는 사람들'이라고 정의했다.[7] 하지만 '상대적으로 적은 수'가 구체적으로 얼마나 적은 수이며, '상당히 많은 액수의 돈'이 구체적으로 얼마나 많은 액수인지에 대해서는 구체적으로 밝히지 않았다. 그럼에도 불구하고 슈퍼스타 현상을 연구하는 학자들은 그 정의에 대한 인식을 함께하고 그 표현을 겸허하게 수용한다. 즉, 시장에서 어느 정도의 지배력을 지닌 사람이 슈퍼스타인지에 대한 명확한 숫자 제시는 없는 셈이다.

경영학의 마케팅 분야에서는 적은 수의 사람이 많은 부분을 차지할 때 흔히 '2:8 법칙'을 준용한다. 백화점 고객의 20%가 전체 매출의 80%를 올린다는 예시가 그 내용에 해당한다.

이 법칙은 '이탈리아 인구의 20%가 이탈리아 전체 부의 80%를 가지고 있다'라고 주장한 파레토(Vilfredo F. Damaso Pareto)로부터 나온 것이다. 20%(상대적으로 적은 수의 사람)가 80%(상당히 많은 액수의 돈)를 차지하는 상황을 슈퍼스타의 정의에 차용할 수 있을 것 같다. 하지만 이 법칙은 경제학적인 근거가 불충분하다.

우리 주변에서 자주 발생하여 언뜻 보면 그럴싸하지만 과학적인 뒷받침이 부족한 것들을 '경험칙(rule-of-thumb)'이라고 한다. 결과적으로 파레토 법칙은 경험칙이기 때문에 슈퍼스타를 정의하는데 이를 원용하기에는 무리가 따른다.

일반적으로 슈퍼스타라고 하면 연예인, 스포츠 선수 중에서 대중적으로

---

7 Rosen(1981), "The Economics of Superstars".

인지도가 매우 높고 많은 수입을 올리는 사람을 생각한다. 하지만 직종의 범위를 연예인이나 스포츠 선수에게만 한정할 필요는 없다.

슈퍼스타의 정의에 의하면 인기 음식점 사장은 요식업계의 슈퍼스타이고 대기업의 임원은 직장인들의 슈퍼스타이고 대치동 1타 강사는 학원가의 슈퍼스타이다. 즉, 슈퍼스타는 직종이 아니라 시장점유에 의해서 결정된다는 의미이다.

2. 슈퍼스타 현상

슈퍼스타 현상(superstar phenomenon)은 소수의 인물이 시장을 지배하고 많은 부를 누리는 반면, 비슷한 재능을 지닌 많은 사람들은 생존을 위해 고군분투하는 모습을 보이는 극단적인 양극화 현상을 의미한다.

이는 연예인, 운동선수 등 특정 직업군에 국한되지 않고 일반적으로 현대 사회에 넓게 퍼져 있는 현상이다. 슈퍼스타 현상을 연구한 경제학자들은 공통적으로 '소수'의 정도를 정하는 기준보다는 소수가 행사하는 시장지배력의 원인과 소득분배의 결과에 관심이 있다.

제한된 소수가 큰 시장지배력을 갖게 된 원인은 무엇일까? 다시 말해 슈퍼스타가 되기 위해서는 어떤 요인이 가장 중요할까?

로즌(Rosen)은 슈퍼스타의 상품 가치가 높은 것을 한두 가지 요소로 쉽게 설명할 수 없다고 하면서 첫 번째 요소로 재능에 따른 희소성을 꼽았다. 예를 들어, 같은 분야에 종사하는 연예인들이어도 개인의 재능은 불완전 대체재이며 그 재능이 '공동소비기술'[8](joint consumption technology)이

---

8 10명이든 1,000명이든 연예인들의 퍼포먼스는 비슷한 결과를 초래한다는 주장

기 때문에 슈퍼스타 현상은 재능의 차이에 기인한다고 주장했다. 다만, 그 차이가 그리 크지 않으며 재능의 작은 차이가 수입의 큰 차이로 이어진다고 설명했다.

햄렌(Hamlen)은 대중음악산업에 대한 실증분석결과를 발표했다. 분석결과 2가지 특징이 나타났다. 첫째는 소비자들이 음악의 질을 제대로 판단하지 못한다는 것이다. 둘째는 작은 능력의 차이가 큰 결과의 차이를 가져온다는 것이다. 이 두 가지로 인해 슈퍼스타 현상이 나타나는데 이 현상을 수요 측면과 공급 측면으로 나누어 분석했다.

수요 측면에서는 양질의 재화를 저질의 재화가 대체하기가 어렵고, 공급 측면에서는 재화의 한계비용이 제약을 받거나 공급이 수요보다 상대적으로 서서히 증가하기 때문에 슈퍼스타 현상이 발생한다고 분석했다.

TV 예능 프로그램을 예로 들어 더 쉽게 설명하면, 수요 측면에서는 일정 수준 이하의 MC가 진행하는 프로그램은 진행 수준의 미달로 시청자들의 외면을 받게 되지만, 일정 수준 이상의 MC는 쉽게 배출되지 않기 때문에 일정 수준 이상의 MC들이 슈퍼스타가 된다는 의미이다.

슈퍼스타가 되는 과정에서 중요한 것은 재능이 아니라 운이라는 주장도 있다. 이 주장에 의하면 슈퍼스타가 되는 과정은 간단하다. 기본적인 재능만 있고 운이 작용하여 노출이 되면, 대중에게 익숙해지고 그로 인해 네트워크 효과가 발생하면 누구나 스타가 될 수 있다.

요식업에서 슈퍼스타가 발생하는 과정도 비슷하다. 일반적으로 소비자들은 맛이 비슷한 냉면집에 대해 아주 섬세한 부분까지는 맛의 차이를 느끼지 못한다. 하지만 맛이 비슷한 냉면집들 중 한 집이 매스컴에 소개되면 소비자들이 많이 찾게 되고 그 결과 그 집은 슈퍼스타가 된다.

또한, 슈퍼스타에 대한 보상이 반드시 그의 능력과 관련된 성공을 의미하는 것은 아니다. 다시 말해, 재능과 스타가 되는 것의 여부는 별 상관이 없다는 주장이다.

슈퍼스타의 탄생 과정을 재능과 운으로 국한하지 않고 '기술의 변화'에서 찾는 경우도 있다. 현대 사회의 기술 발전은 다양한 매체를 만들어 냈고 복제도 용이하기 때문에 스타 관련 생산물을 추가적으로 만들어 내는 데는 비용이 거의 들지 않는다. 그래서 스타들의 상품 가치는 확장되고 그로 인해 슈퍼스타가 나온다.

결국, 슈퍼스타의 소득은 대부분 매체에 의한 것으로 시장 규모가 확대될수록 수입이 증가한다. 그러므로 매체의 영향력이 슈퍼스타의 질, 우수성, 재능보다 훨씬 더 중요하다는 주장이다. 예를 들어, 뉴스 앵커는 특별한 재능 없이 뉴스 전달만 하는 사람인데도 매체를 통해 유명세를 타고 많은 돈을 번다.

슈퍼스타의 수입은 라이벌과의 질적인 재능의 차이 때문이 아니라 그들이 해당 분야의 1인자이거나 가장 잘 알려진 사람이기 때문이다. 한 사람이 일단 최고의 슈퍼스타라고 알려지면 대부분의 사람은 탐색비용을 줄이기 위해 거기에 모두 매달리는 경향이 있다. 이로 인해 독점력을 갖게 된 슈퍼스타가 시장을 싹쓸이하는 현상이 나타난다. 슈퍼스타가 시장을 싹쓸이하는 현상을 '승자독식'(winner takes all) 시장이라고 규정하며 그 원인을 '기술적 변화'(technological changes)에서 찾기도 한다.

기술 변화에 의한 슈퍼스타 현상은 방송, 공연, 음반 산업 등에서는 통용되는 논리이지만 스포츠 선수들에게 적용하기는 어렵다. 소비자들은 스포츠 선수가 직접 경기를 치를 때, 그 선수의 효용 가치를 느낀다. 그러므로 스포츠 선수들이 슈퍼스타가 되어 얻는 수입은 '능력에 따른 수익체증'[9](increasing returns to ability) 현상으로 보는 것이 더 타당하다. 그래서 스포츠 선수는 본인 외에 마땅한 대체재가 없을 경우에 실제 본인의 능력에 비해 더 많은 소득을 올리기도 한다. 이는 프로야구 FA 시장에서 흔히 발생하는 일이다.

3. 슈퍼스타 시장의 특성

1) 수요 측면

❶ 네트워크 효과(network effect)

슈퍼스타 시장의 특성을 분석하기 위해서는 수요 측면과 공급 측면으로 나누어 살펴볼 필요가 있다. 우선, 수요 측면에서는 네트워크 효과(network effect)가 있다.

1896년 10월 덕수궁 내부에 우리나라 최초의 전화기가 설치되었다. 당시 전화는 임금의 침소 등 궁궐 내부에 3대, 정부의 각 부처에 7대, 평양과 인천에 2대 등 모두 12대였다. 덕수궁과 평양, 인천까지는 모두 전화선을 개설하여 1대씩만 연결하였는데 비용대비 매우 비효율적인 선택이었다. 하지만 전화의 도입은 왕명 전달의 속도를 개선하는 면에서 가히 혁신적

---

9 능력이 조금만 증가해도 수익이 크게 증가하는 현상을 말한다.

인 시스템이었다.

독립운동가인 백범 김구 선생은 당시 고종이 건 한국 최초의 전화 한 통으로 사형을 면했다는 일화도 있다. 덕수궁에 전화가 설치된 지 6년 후인 1902년 3월 20일, 일반 국민도 사용할 수 있는 한국 최초의 공중전화가 개설되었다. 전화기가 있는 곳이 거의 없었으므로 전화 사용자는 거의 없었다. 전화뿐 아니라 팩시밀리(facsimile), 전자우편(e-mail) 등 상호소통 체계를 소수의 사람만 사용하면 그 가치는 매우 낮아진다.

반면, 지금처럼 모든 사람이 휴대전화를 가지고 다니면 상호소통 가치가 매우 커진다. 같은 종류의 재화를 사용하는 소비자들이 많을수록 그 재화의 사용가치는 상승한다. 이처럼 한 사회에서 많은 사람들이 함께 쓸수록 가치가 상승하는 현상을 '네트워크 효과'(network effect)라고 한다.[10]

이처럼 슈퍼스타 현상은 네트워크 효과와 밀접한 관련이 있다. 네트워크 효과는 기술적 비교우위가 중요한 것이 아니라 사용자가 몇 명인지가 중요하다.

시각을 통해 효용을 얻는 문화상품들은 소비 후에 활발한 상호작용을 일으킨다는 특징이 있다. 이는 소비자들이 재화를 소비하는 데 효용 극대화를 추구하는 방식으로써 '2차 효용'(secondary-utility)의 개념이다.

TV 프로그램, 스포츠 관람, 영화 감상, 독서 등을 즐기는 것은 그 자체로 문화상품을 소비하는 즐거움인데, 많은 사람들은 자신이 소비한 문화상품의 내용을 지인들과 공유하며 2차 효용을 얻는다. 예를 들어, TV에서 방영

---

10 네트워크 효과는 악대차 효과(bandwagon effect)와 속물효과(snob effect) 등 두 종류가 있다. 악대차(樂隊車) 효과는 어떤 사람들이 유행을 이끌면 그에 동조하는 현상이다. 반면 속물(俗物)효과는 값이 비싸고 희소성이 있는 상품에 집착하는 현상이다. 본문은 네트워크 효과 중에 악대차효과를 말한다.

된 인기 프로그램을 시청한 후에 지인들과 평가를 하거나 어제의 프로야구 경기에 대해 지인들과 대화를 나누며 공감대를 형성한다. 문화상품이 소비자들에게 2차 소비의 즐거움을 제공하는 것이다.

다른 사람들이 1,000만 관객 동원 영화에 대해 담소를 나누는데 본인만 그 영화를 못 봐서 소외된다면 그 책임은 본인 자신에게 있다. 즉, 남들이 소비하는 재화를 본인이 소비하지 않은 선택에 대한 비용이 본인의 몫으로 돌아간다. 그러므로 사람들은 남들이 소비하는 인기 재화를 선택할 가능성이 크다. 네트워크 효과는 이런 식으로 수요 측면에서 슈퍼스타를 만들어 낸다.

❷ 반복 접촉

명곡(名曲)이란 무엇인가? 어떤 곡을 명곡이라고 하는가? 감성적으로 느낌은 오지만 설명하려면 많은 단어들이 필요할 것 같다.

"Oldies but goodies." 오래되었지만 좋은 음악. 명곡을 정의하는 데 이보다 더 간결하고 명쾌한 표현은 없을 것 같다. 오래되었다는 것은 음반 발매 시기를, 좋다는 것은 현재의 선택을 의미한다. 결국, 명곡이란 오랜 시간을 거쳐 친숙해진 후 사람들이 현재까지도 선호하는 음악을 말한다. 고전(클래식)음악, 7080 가요, 올드 팝송 등에서 명곡이라고 불리는 곡들이 많은 이유이다.

음악이라는 재화는 처음에 귀에 익숙하지 않더라도 반복해서 듣다 보면 좋아지는 경우가 많다. 하지만 사람들이 무조건 익숙한 음악만 선호하는 것은 아니다. 후크 송(hook song)[11]처럼 단순하고 익숙하기만 하면 사람들은

---

11 한 노래에 동일한 음정과 가사를 여러 번 반복적으로 사용하여 만든 노래

점차 싫증을 내고 진부한 음악으로 치부한다. 결국, 사람들이 어떤 음악을 명곡으로 인식하기까지는 익숙함을 위한 반복된 접촉이 필요하다.

스포츠도 마찬가지이다. 프로야구에 별 관심이 없던 사람들도 지인과 함께 야구장을 찾은 후에 야구팬이 되는 경우가 많다. 야구 자체는 잘 모르지만, 야구장의 분위기, 응원 문화, 형용할 수 없는 재미에 익숙해지면 야구에 대해 반복적인 접촉을 하게 된다.

다시 명곡 이야기로 돌아가자. 명곡의 탄생 과정은 경제학적 직관과 궤를 달리한다. 경제학에서는 재화의 소비량이 늘어날수록 그 재화에 대한 지불 용의(willingness to pay)가 낮아진다. 이 말은 재화가 흔해지면 그 가치가 떨어진다는 의미이다. 반면, 명곡은 음악과의 반복적인 접촉이 익숙함으로 남아 음악이라는 재화의 가치가 오히려 상승하는 현상이다. 이는 슈퍼스타 현상을 설명하는 경제학적 분석과 잘 맞지 않은 경우이다. 하지만 반복된 접촉이 슈퍼스타 현상을 만드는 중요한 도구임은 분명하다.

❸ 시장의 규모

시장의 규모(market size)란 시장에 참여하는 사람들이 얼마나 많은가를 나타내는 용어이다. 프로야구 시장의 규모가 커졌다는 것은 프로야구팬들이 증가하고 그에 따라 관련 산업 종사자들이 늘어났다는 의미이다.

미국 프로야구(MLB) 선수 노조는 연례 보고서를 통해 2017 MLB 선수들의 평균 연봉이 409만 7,122달러(약 44억 2,000만 원)라고 공개했다. 일본 프로야구(NPB) 선수들의 평균 연봉은 3826만 엔(약 3억 9,112만 원)이라고 알려졌다. 그리고 신인과 외국인 선수를 제외한 2017 KBO리그 선수 530명의 평균 연봉은 1억 3,883만 원이었다.

2018 MLB 최고 연봉선수는 LA 에인절스의 마이크 트라웃(Mike Trout)인데 그의 연봉은 3,408만 3,333달러(약 363억 원)이다. 2018 KBO리그 최고 연봉선수는 25억 원을 기록한 롯데 자이언츠의 이대호이다. 마이크 트라웃과 이대호의 연봉 차이는 14.5배이다. 과연 둘의 실력차이도 14.5배일까? 그게 아니라면 왜 이런 현상이 발생할까?

1993년 MLB 선수들의 평균 연봉은 1976년의 연봉보다 20배 상승했다. 1976년 선수들의 평균 연봉은 미국의 1인당 국민소득의 8배 정도였지만 1993년에는 50배를 넘어섰다. 그 이유는 MLB의 인기가 TV 중계권료 상승을 견인했기 때문이다.

2000년대 이후에 MLB 선수들의 연봉은 급등했다. DMB와 IPTV 등 뉴미디어의 등장으로 인해 중계권료 수입이 급증했기 때문이다. 즉, 시장 규모가 확대된 것이다. 이처럼 시장 규모의 확대는 금전적 보상 규모의 변화로 슈퍼스타를 만들어 낸다.

비슷한 시기에 할리우드 톱스타 영화배우들의 출연료도 비슷한 양상을 보인다. 이런 현상 역시 미디어의 발달로 인한 시장 규모의 확대가 가능했기 때문에 발생하는 현상이다.

영화배우들은 자신이 출연한 대형 블록버스터가 흥행에 성공하면 극장 수입뿐 아니라 비디오테이프 판매 수입과 더불어 광고 촬영, 판권 수입 등의 증가로 부수적인 수입이 확대된다. 향후 기술 진보로 인해 뉴미디어가 확대되고 미디어 플랫폼이 확산되면 새로운 시장 판로 개척 등 수익창출 요소는 더욱 증가할 것이고 슈퍼스타 현상은 더욱 가속화될 것이라는 예측이 지배적이다.

반면, 배구 여제로 통하며 전 세계 여자배구 연봉 순위 1위인 김연경의 연봉은 130만 유로(약 16억 원)에 불과하다. 이런 현상 역시 시장의 규모에 기인한다. 김연경 선수가 세계 최고의 여자배구 선수이지만, 세계 여자배구 시장이 크지 않기 때문에 그녀의 연봉도 크게 상승하기 어려운 구조이다.

❹ 탐색비용(search cost)의 최소화

탐색비용이란, 새로운 재화를 발굴하여 소비하는 데 드는 시간을 비롯한 개인의 기회비용을 의미한다. 소비자들은 영화나 책을 선택할 때 기왕이면 흥행에 크게 성공한 영화나 베스트셀러의 반열에 오른 작품을 선택하려고 한다. 이는 주변의 지인들이 동일한 소비 패턴을 보였을 가능성이 크기 때문이며 선택에 대한 탐색비용을 줄이는 방법이기도 하다.

많은 사람들이 동일한 슈퍼스타를 선호하는 이유는 정보에 대한 탐색비용을 최소화하는 방법이기 때문이다. 소비자들이 탐색비용을 줄이려는 경향 때문에 스타가 아닌 사람이 슈퍼스타로 전환되는 과정은 매우 어려운 일이다. 소비자가 과거의 경험에 갇혀서 지속적인 익숙함을 선택한다면 소비자본은 축적되고 새로운 슈퍼스타의 등장은 어렵게 된다.

소비자뿐 아니라 슈퍼스타를 발굴해 내는 영화감독도 탐색비용 절감에 적극적이기는 마찬가지이다. 지난 3~5년 동안 한국영화에 캐스팅된 배우들을 살펴보면 항상 '그 나물에 그 밥'이다. 이는 영화감독들이 새로운 배우를 발굴하지 않고 기존의 인기 있는 배우들을 지속적으로 캐스팅하기 때문이다.

창의성에 대해서는 둘째가라면 서럽다고 할 영화감독들이 새로운 배우를 발굴하지 않고 이런 진부한 캐스팅을 감행하는 이유는 무엇일까?

첫째, 탐색비용의 절감 때문이다. 영화감독이 연기에 재능 있는 새로운 배우를 발굴하려면 많은 시간을 쏟아부어야 한다.

둘째, 새로운 배우의 캐스팅에 대한 실패 위험을 줄이기 위해서이다. 감독들이 많은 시간을 투자하여 새로운 배우를 발굴하여 기용하더라도 정보의 비대칭성으로 인해 캐스팅에 실패할 확률은 여전히 존재한다. 직종의 특성상 배우들의 연기력과 집중도는 시간의 가치와 정의 관계가 성립한다. 영화에 자주 등장하는 익숙한 배우들은 연기 실력이 어느 정도 검증되었다는 의미이다.

셋째, 차기작 투자의 문제이다. 일반적으로 영화감독들은 기획사를 통해 투자를 받아서 영화를 제작한다. 그런데 영화가 흥행에 실패하면 기획사들은 그 감독의 차기작에 투자하지 않는다. 또한, 흥행 실패의 원인을 배우의 캐스팅에서 찾기도 한다. 영화계에서 이미 검증된 배우를 기용한 후 흥행에 실패하면 그것은 그 배우의 연기력이 논란거리가 되지만, 새로운 배우를 발굴하여 흥행에 실패하면 그것은 감독의 책임이 된다.

그러므로 새로운 배우를 발굴하여 캐스팅하기는 쉽지 않은 일이다. 이런 상황이 지속적으로 반복되면서 특정 배우들은 지속적으로 캐스팅되고, 그 배우는 슈퍼스타로 자리매김하게 된다.

2) 공급 측면

❶ 재능

선행연구자들은 슈퍼스타 현상의 원인을 재능과 행운 사이에서 논했다. 슈퍼스타 현상의 원인을 행운에서 찾은 연구자들도 전혀 재능이 없는 사람이 행운만으로 슈퍼스타가 된다는 논리를 펼친 것은 아니다. 결론적으로 슈퍼스타가 되기 위한 첫 번째 조건은 재능이다. 이는 슈퍼스타 현상 연구자들이 공통적으로 인정한 부분이다. 다만, 그 재능의 비중이 얼마나 되는지에 대해서는 이견이 존재한다.

슈퍼스타가 되기 위해 가장 중요한 조건이 재능이라고 주장하는 측은 남들이 갖지 않은 재능에 의한 희소성이 슈퍼스타를 만드는 핵심 요인이라고 했다. 재능은 재화의 성격상 불완전 대체재이므로 재능의 차이가 공급 측면에서 슈퍼스타를 만드는 중요한 역할을 한다고 했다.

슈퍼스타가 되기 위한 조건 중에서 재능도 중요하지만, 운이 훨씬 더 중요하다는 측은 기본적인 재능이 있고 운이 작용하여 매체에 의해 노출되면 대중에게 익숙해지고, 그로 인해 네트워크 효과가 발생하면 누구나 스타가 될 수 있다고 주장한다.

또한, 작은 재능의 차이가 결과의 큰 차이를 가져온다고 주장하는 측도 있다. 시장에서 경쟁사들에 비해 성공을 거둔 가전제품이나 자동차는 비슷한 가격의 경쟁제품에 비해 디자인이 약간 더 세련되거나 기능이 약간 더 추가된 경우가 대부분이다. 이런 작은 재능의 차이가 시장에서의 성패를 좌우한다.

다소 차이는 있지만, 슈퍼스타 현상 연구자들이 공통적으로 주장하는 부분은 슈퍼스타가 되기 위해서는 남들보다 뛰어난 재능이 있어야 한다는 점이다.

❷ 인적 자본

슈퍼스타 현상을 분석하면서 인적 자본 형성구조를 살펴보는 것은 의미가 있다. 인적 자본은 노동의 공급 구조를 관찰하는 것부터 시작된다. 스포츠·예술의 노동 시장은 일반 노동 시장보다 슈퍼스타 현상이 발생할 가능성이 훨씬 크다. 그러므로 스포츠·예술계 종사자와 일반 노동 시장의 임금 결정 구조를 노동 공급 차원에서 비교할 필요성이 있다.

스포츠·예술 노동 시장에 참여하는 사람들은 안정적인 월급을 통한 생활의 안정성을 선택하기보다 본인이 좋아하거나 잘할 수 있는 일을 선택하여 시장에 진입하는 양상을 보인다. 본인의 재능을 신뢰하여 스포츠·예술 노동 시장에 참여했더라도 스포츠·예술의 특성상 완성도를 위한 시간 변수가 작용하므로 스포츠·예술 노동의 공급은 단기간에 이루어지지 않는다. 이것이 스포츠·예술 노동공급 시장과 일반 노동공급 시장의 근본적인 차이점이다.

스포츠·예술시장에서는 소비와 투자를 통한 인적 자본 축적의 결과가 큰 임금 격차로 나타난다는 특징이 있다. 훈련시간이 길수록 임금이 상승한다는 인적 자본 모형에 가장 근접한 개념인 셈이다.

인적 자원에 대한 자본 및 시간의 투자 증가는 재능과 상관없이 개인의 투자 여부에 달려 있다. 그러므로 여기서 발현되는 스타덤은 재능의 존재 여부와 별도로 작동한다. 인적 자본 투자를 통한 슈퍼스타 현상은 개인의 노력으로 나타난다. 그러므로 노력은 슈퍼스타 현상을 기대하는 개인이 할 수 있는 가장 직접적인 방법이기도 하다.

스포츠·예술가들이 인적 자본의 축적을 통하여 훌륭한 결과물을 생산해도 수요 측면에서 반응이 없으면 스포츠·예술시장은 형성되지 않는다. 그러므로 스포츠·예술 분야에 대한 인적 자본 형성은 공급 측면뿐 아니라 수요 측면에서도 중요하다.

인적 자본 축적의 수요 측면이라는 것은 예술에 대한 소비자들의 높은 안목 구축을 의미한다. 예술적 안목이 있는 소비자들의 선호가 발생해야 수준 높은 예술가들이 불균등한 보상을 얻고, 그로 인해 슈퍼스타 현상이 발생하기 때문이다.

❸ 초기 단계의 중요성

"옛말 틀린 거 하나도 없다"라는 속담이 있다. "못 먹는 감 찔러나 본다"와 "오르지 못할 나무는 쳐다보지도 말라"는 속담은 하나의 상황에 대해 정반대의 행동을 나타내는 속담이다. 이런 식으로 모든 상황에서 서로 반대되는 속담이 있기 때문에 옛말에는 틀린 것이 하나도 없을 수밖에 없다.

화투 용어 중에 "첫 끗발이 개 끗발"이라는 말은 초기 운세에 너무 좌우되지 말라는 의미이다. 반면, 독일의 대문호 시인 괴테는 "첫 단추를 잘못 끼우면 마지막 단추는 끼울 구멍이 없다"라며 초기 단계의 중요성을 언급했다.

한 경기에서 최초의 승자는 유사한 후속 상황에서도 지속적으로 유리한 위치를 점하는 경향이 있다. 이른바 복잡계 경제학의 선구자로 불리는 브라이언 아서(Brian Arthur)는 '경험을 통한 가두기'(lock-in through learning)의 예를 들어 초기 단계의 중요성을 언급했다. 어떤 기업이 새로운 기술을 개발하면 많은 투자를 받고, 이는 다시 기술 개발의 선순환으로 이어진다. 결과적으로 그 기업은 확대재생산의 구조를 구축하며 시장점유율을 높이면서 슈퍼스타로 자리매김하게 된다.

1997년 노벨경제학상 수상자인 로버트 머튼(Robert Merton) 역시 초기 단계의 중요성을 언급했다. 일류 대학 졸업생들은 일류 대학원에 진학할 가능성이 높고 그 후에도 교수로서 일류 대학에 체류할 가능성이 높다는 것을 예로 들면서 초기의 성공이 그 다음 단계의 성공을 보장할 가능성이 높다고 했다. 일단 형성되면 외부 환경이 변하더라도 원래의 내용이나 형태가 그대로 유지되며 상태가 지속되는 것을 '경로의존성'(path-dependency)이라고 한다. '경로의존성'은 관성 때문에 발생하는 현상이다.

'경로의존성'은 영화, 방송, 스포츠 분야에서 광범위하게 나타난다. 영화나 드라마 감독이 어떤 배우를 캐스팅했는데, 그 배우가 감독의 기대에 부응하면 그 감독은 다음 작품에서도 동일한 배우를 선택한다. 한 번의 좋은 상황이 지속적으로 좋은 상황으로 확대되어 다시 돌아오는 양의 피드백

효과가 발생하는 것이다. 이런 과정을 '경력경로'(career path)라고 한다.

연기자들이 신인 시절에 동료들보다 영화나 드라마에 1~2번 더 출연하는 것은 당시에는 경쟁자들보다 조금 앞서가는 정도이지만, 이런 캐스팅이 반복되면 신인 배우는 종국에 경쟁자들을 물리치고 슈퍼스타의 자리를 점하게 된다.

야구와 같은 스포츠 분야에서도 경력 경로 현상은 동일하게 나타난다. 신인 시절 대타로 1~2번 출전할 기회를 얻었을 때 감독에게 뭔가를 보여 주면 감독은 유사한 상황에서 또 그 선수를 기용하게 된다. 이런 상황이 반복되면 주전 선수의 위치를 확보할 수 있고, 그 후에는 본인의 능력, 노력, 운에 따라 슈퍼스타로 자리매김하게 된다. 이는 슈퍼스타가 되는 과정에서 초기 단계가 중요하다는 사실을 시사한다.

❹ 복제기술의 발달

방송사가 스포츠 경기를 중계할 때, 세계 랭킹 1위와 2위의 경기를 중계하는 것과 91위와 92위의 경기를 중계하는 데 들어가는 제작비용은 거의 같다. 하지만 경기에 대한 스폰서십이나 대전료는 비교할 수 없을 정도로 차이가 난다. 그러므로 경기를 중계하는 방송사에서는 당연히 광고가 많이 들어오는 1위와 2위의 경기 중계를 선호하게 된다. 방송중계 당시의 광고뿐 아니라 지속적으로 재방송을 송출하여 광고수입을 올릴 수 있다는 점도 방송사가 최상위 랭킹의 경기 중계를 선호하는 요인이다.

세계 랭킹 1위의 테너와 세계 랭킹 98위의 테너가 동시에 공연을 한다면 사람들은 어떤 공연을 선택할지에 대해서 고민할 것이다. 1위 테너의 공연 관람료는 98위 테너의 공연관람료보다 훨씬 더 비쌀 것이므로 소비자는 개인의 기회비용을 고려해서 최적의 선택을 할 것이다. 직접적인 공연 관람이 아니라 음반을 통해 듣는 것이라면 대부분의 사람은 주저 없이 1위 테너의 음반을 선택할 가능성이 크다.

음반 제작비용의 구조를 살펴보면 그 이유를 알 수 있다. 음반제작 회사가 녹음을 위해 세계 1위와 98위 테너에게 지불하는 출연료는 큰 차이가 있다. 세계 1위 테너의 음반제작에는 초기투자 비용이 많이 들지만, 소비자들의 선호 역시 1위 테너에게 집중되어 음반 판매량은 소비자의 선호와 비례하게 된다. 이후 음반회사가 추가적으로 음반을 생산하는데 드는 (한계)비용은 지속적으로 줄어들게 된다. 그러므로 소비자들이 구입하는 1위와 98위 테너의 음반 가격은 비슷한 수준에서 결정된다. 세계 1위와 98위 테너의 음반 가격이 비슷하면 소비자들의 선택은 자명하다. 복제기술이 발달했기 때문에 나타나는 현상이다.

복제기술이 발달할수록 추가 생산 비용은 감소하게 되므로 1등과 차이 나는 2등 그룹의 의미는 점점 퇴색한다. 그에 따라 1인자의 상품 가치는 더욱 상승하며 1인자에 대한 보상은 기하급수적으로 증가하게 된다. 즉, 복제기술의 발달 역시 슈퍼스타 현상을 나타내는 요인 중 하나이다.

3) 보상 체계

❶ 슈퍼스타의 보상 체계

슈퍼스타의 보상 체계는 일반 노동 시장의 보상 체계와는 다르다. 그리고 달라야 한다. 아담 스미스(A. Smith)는 국부론에서 직업으로서의 성공 가능성과 보상 체계에 대해 언급했다.

변호사 시험의 경쟁률이 20대 1이라면 1명만 성공하고 19명은 실패하는 구조이다. 이럴 경우 성공한 1명은, 실패한 19명이 성공했다면 얻을 수 있는 모든 보상을 얻어야만 한다. 이것이 아담 스미스가 주장한 성공 가능성에 대한 보상 체계이다. 완전한 복권제도에서 상금을 받는 사람은 상금을 받지 않는 사람들이 잃은 돈을 모두 얻게 되는 구조와 같다.

게다가 어떤 직업에서의 성공이 철저하게 능력에 의존하는 시스템이 아니라 행운이 따라야 성공할 수 있는 구조라면 성공 확률은 매우 희박해진다. 이런 직업은 성공 가능성에 대한 불확실성이 매우 크므로 성공에 대한 높은 보상 비율이 적용되어야 한다. 그러므로 재능과 행운이 동반되어야 돈벌이를 할 수 있는 사람들의 금전적인 보상은 그 재능을 얻는 데 든 시간, 노동, 비용을 보상할 뿐만 아니라 그 재능을 생활수단으로 사용하기 때문에 얻게 된 불명예에 대한 보상도 포함되어야 한다.

배우, 오페라 가수, 오페라 댄서 등이 누리는 매우 큰 보상은 재능이 희귀하고 아름다운 것과 그 재능을 불명예스럽게 사용하는 2가지에 근거하여 후하게 보상할 수밖에 없다고 분석한다.

여기에서 재능을 불명예스럽게 사용한다고 표현한 것은 당대와 현재의 시대 차이에 따른 시각으로 볼 수 있다. 아담 스미스는 현재의 연예인과 같은 역할을 했던 배우, 오페라 가수 등에 대해 천박한 직업군이라는 평가를 내렸다. 매우 유쾌하고 아름다운 재능은 존경받을 만하지만 이를 돈벌이에 사용한다면 창녀가 몸을 파는 행위와 다를 바 없다고 표현했다.

❷ 승자독식

대부분의 경제학자들은 시장에서 형성된 재화 및 서비스의 가격을 적절한 사회적 합의에 따른 가치로 인식한다. 그러므로 노동자들은 각자의 생산성에 비례하여 임금을 받는다. 다른 사람보다 10% 더 열심히 일한 사람은 10%의 추가 보상을 받아야 하며 다른 사람보다 10% 더 능력 있는 사람은 10%의 추가 보상을 받아야 한다. 이는 재능뿐 아니라 노력에 대한 보상이므로 분배의 정의에 부합한다.

그러나 슈퍼스타 시장의 보상 체계는 이와 다르다. 슈퍼스타 시장에서의 보상은 절대적인 능력보다는 상대적인 능력에 의해 결정된다. 상대적인 능력 차이로 보상이 결정된다는 점이 슈퍼스타 시장을 다른 시장과 구별해 주는 중요한 특징이다.

슈퍼스타 시장의 또 다른 특징은 승자에게 돌아가는 보상이 몇몇 최고실력자에게 집중되고, 재능이나 노력의 미미한 차이가 엄청난 소득 차이로 이어진다는 점이다.

예를 들어, 삼성과 애플이 스마트폰의 디자인 특허권을 놓고 거액의 손해배상 소송을 진행하고 있다. 거액의 손해배상 소송이므로 A와 B라는 최고의 국제적인 대형 로펌들이 소송에 참여한다. 특허권의 특성상 삼성과 애플 두 회사 중 하나는 '전부 아니면 전무'(all or nothing)의 상황을 맞게 된다.

만일 A가 B보다 약간의 재능을 더 가진 로펌이라면 양쪽의 회사는 모두 A에게 소송을 의뢰할 것이고 A의 수임료는 급격하게 치솟을 것이다. 양쪽 회사의 특허권 경합은 새로운 부가가치를 전혀 창출하지 않았지만, 결과적으로 A가 제공하는 법률서비스의 가격은 상당히 올라갔고 A는 자신이 생산해낸 사회적 가치를 훨씬 상회하는 보수를 받게 된다. 재능의 산술급수적인 증가가 보상의 기하급수적인 증가로 이어지는 결과가 나타나게 된다.

상대적 능력 차이에 의한 보상시스템은 슈퍼스타 시장의 비효율성을 초래한다. 여기에서의 비효율성은 보상 자체의 비효율성을 의미하는 것이 아니다. 슈퍼스타 현상이 반복되면 이긴 자가 모든 것을 차지하는 '승자독식'(winner takes all) 체제가 구축되는 것을 의미한다.

❸ FA 선수의 보상 체계

KBO리그의 FA 제도와 관련된 어느 토론회에서 필자는 "FA 제도의 고임금 구조는 사후보상의 성격이 강하다"라고 주장했다. 그때 프로야구 모 구단의 팀장을 지낸 어떤 분이 "연봉 줄 거 다 줬는데 무슨 사후보상 개념이냐?"라고 반문했다. 토론회 진행상 더 이상의 발언권이 없었기 때문에 그 자리에서 자세한 설명은 하지 못했다.

KBO리그 FA 선수들의 연봉이 너무 과도한 것 아니냐는 논란은 FA 초기부터 현재까지 지속적으로 제기되는 문제이다. KBO리그의 시장 규모와 과거 FA 대박 선수들의 활약상을 생각할 때 충분히 이해되는 논란거리이다.

이제부터는 FA 선수들의 연봉이 크게 오를 수밖에 없는 4가지 이유를 제시하고자 한다. 이유제시에도 불구하고 독자들이 생각하기에 FA 선수들이 그들의 실력과 노력에 비해 지나치게 많은 연봉을 받는다고 생각한다면, 그건 독자들의 생각이 맞는 것이다.

첫째, 야구선수로서 KBO리그에 진입하기는 쉽지 않은 일이다. 리그에 진입한 선수들이 9년 동안 생존하면서 FA 자격을 얻을 수 있는 확률은 극히 희박하다. 철저한 자기관리와 실력향상을 꾸준히 겸비한, 극히 일부의 선수만이 누릴 수 있는 특권이다.

FA 자격을 얻은 선수들은 리그에서 장기간 활약하면서 프로야구 시장 규모를 확장하는 데 일정 부분 기여한 사람들이다. FA 계약구조는 '그동안 KBO리그에 기여한 부분이 인정되고 현재 실력을 보니 향후 큰 활약이 기대된다'는 의미를 복합적으로 담고 있기 때문에 가능한 임금 계약구조이다. FA 계약은 과거 활약에 대한 사후보상 개념이 분명히 포함되어 있다.

둘째, FA 선수가 되기 전까지의 연봉 협상 구조는 실력에 비례하지 않는다. 2010년 이대호는 도루 부분을 제외한 모든 타격 분야의 수위타자 타이틀을 거머쥐며 타격 7관왕이라는 전무후무한 기록을 세웠다. 연봉 협상에서 구단은 6억 3,000만 원을 제시했고 이대호는 7억 원을 요구했다. 구단 측은 FA 자격을 갖추지 않은 선수가 받을 수 있는 최고의 대우를 제시했다. 하지만 협상은 결렬되었으며 이대호는 연봉 조정신청을 했다. 이대호 이전에 선행되었던 KBO의 연봉 조정신청 역사가 증명하듯 이대호는 패했다.

또 다른 사례도 있다. 류현진이다. 2005년부터 2017년까지 프로야구에 입문했던 선수 중에 최고의 신인으로 평가받는 괴물 류현진은 데뷔 첫해 2,000만 원의 연봉을 기록한 후 이듬해 400%p 인상된 1억 원에 연봉계약을 체결했다. 2년차 선수 중 최고 기록이다. 하지만 류현진은 데뷔 첫해 신인왕, MVP, 골든글러브를 동시에 수상한 KBO리그의 유일무이한 선수였다. 구단은 신인 선수에게 해 줄 수 있는 최고의 대우를 해 줬으나 류현진의 성적에 비해서는 터무니없는 대우였다.

2017년에는 오랜만에 괴물 신인이 나타나서 류현진의 신인 연봉 상승률 최고 기록을 갈아치웠다. 넥센 히어로즈의 이정후는 발군의 실력으로 데뷔 첫해 주전 선수 자리를 차지한 것은 물론이고, 출중한 기량으로 야구팬들을 모두 놀라게 했다. 이듬해 이정후의 연봉은 데뷔 연봉인 2,700만 원에서 1억 1,000만 원으로 올랐다. KBO리그 2년차 최고 연봉액이었다. 류현진의 기록을 11년 만에 갈아치웠다.

연차를 따지지 않고 실력만으로 연봉 협상에 임했다면 류현진과 이정후의 연봉이 타당한 것인가? 신인 선수들의 기량이 아무리 뛰어나더라도 최저 연봉이라는 기준을 정하고 나서 성과에 따라 상승률(%)을 적용하여 새로운 연봉을 제시하는 것이 현재의 연봉 협상 구조이다. 합리적이지 않은 연봉 협상 과정을 겪으면서 인내한 선수들이 데뷔 후 9년차까지 꾸준함을 유지했다면 그에 대한 보상은 충분해야 한다.

FA 선수들의 대박 계약 이면에는 최초 연봉을 기준 삼아 데뷔 연차를 따져서 상승률을 적용하는 리그와 구단의 숫자 놀음이 숨겨져 있다. FA 대박의 이면에는 이런 과정을 거친 선수들에 대한 사후보상의 개념이 포함되는 것이다.

셋째, 슈퍼스타 수입함수의 모양이 우측으로 기울어져(right-skewed) 있다는 점이다. 앞서 승자독식 부분에서 언급했듯이 일반 노동자들은 자신의 생산성에 비례하여 임금이 책정된다. 다른 사람보다 10% 더 열심히 일한 사람은 10%의 추가 보상을 받아야 하며 다른 사람보다 10% 더 능력 있는 사람은 10%의 추가 보상을 받아야 한다.

예를 들어, 물건 20개를 판매한 세일즈맨은 물건 10개를 판매한 세일즈맨보다 2배의 소득을 올리는 것이 마땅하다. 능력에 따른 소득이 선형(linear)으로 증가하는 구조이다.

〈그림 7-3〉 판매 개수에 따른 세일즈맨의 보상액

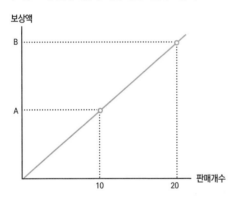

반면 프로야구에서 10승 투수와 20승 투수의 경제적 보상은 어떻게 차이가 날까? 역대 KBO리그에서 20승 투수를 배출한 것은 총 17회였다. 프로야구 원년인 1982년 박철순(24승)을 비롯하여 이듬해에는 30승(장명부)이라는 엄청난 기록도 나왔다.

17회의 20승 투수 중에서 1980년대에 나온 기록이 8번이었다. 1980년 대에 다수의 20승 투수가 배출된 것은 당시 KBO리그에 우수한 투수가 많 았기 때문이 아니다. 당시 KBO리그 타자들의 수준이 낮았을 뿐 아니라 투 수 운용도 주먹구구식이었기 때문이다. 이후 1990년대 중후반부터 선발, 중간, 마무리 등으로 투수들의 분업화가 시작되었지만, 그 당시 투수들의 기록을 살펴보면 '분업화'라는 단어가 무색해진다.

두산의 마무리투수 진필중은 1999년 16승 6패 36세이브, 한화의 마무리 투수 구대성은 1996년 18승 3패 24세이브, 임창용은 1997년 해태에서 14 승 8패 26세이브, 1999년 삼성에서 13승 4패 38세이브를 기록했다. 1990 년대 후반의 기록만 살펴보아도 현대야구가 추구하는 투수의 분업화와는 거리가 멀어 보인다.

2000년대에 접어들면서 KBO리그에서 본격적인 투수 분업화가 이루어 졌다. 분업화가 본격화된 2000년 이후 KBO리그에서 20승 이상을 기록한 투수는 5명뿐이었다. 그중 양현종(2017년)을 제외한 4명이 외국인 투수다. 양현종이 기록한 토종 20승 투수라는 위업은 정민태(1999년) 이후 18년 만 에 나온 대기록이었다.

KBO리그 역대 20승 이상 투수는 총 14명(17회)이다. 그중 30승 이상의 기록은 장명부가 유일했고 선동열(3회), 김시진(2회) 등은 2회 이상 20승 투수라는 영예를 안았다.

〈표 7-13〉 KBO리그 역대 20승 이상 투수

연도	1982	1983	1984	1985	1985	1986
이름	박철순	장명부	최동원	김시진	김일융	선동열
승수	24	30	27	25	25	24
연도	1987	1989	1990	1995	1997	1999
이름	김시진	선동열	선동열	이상훈	김현욱	정민태
승수	23	21	22	20	20	20
연도	2007	2014	2016	2017	2017	
이름	리오스	벤헤켄	니퍼트	양현종	헥터	
승수	22	20	22	20	20	

프로야구에서 20승 투수는 대체가 쉽지 않은 불완전대체재이다. 각 팀이 좋은 성적을 거두기 위해서는 팀의 에이스 투수가 기복 없이 버텨 줘야 한다. 20승 투수에 대한 각 팀의 수요는 많은데 공급은 매우 희소하기 때문에 그 가치는 〈그림 7-4〉와 같이 기하급수적인 그래프를 그리며 비선형(non-linear)으로 증가한다. 슈퍼스타인 FA 선수들에 대한 보상시스템 역시 동일한 모양으로 나타난다. 그러므로 FA 선수들의 연봉이 높을 수밖에 없는 구조이다.

〈그림 7-4〉 승수에 따른 프로야구 선수의 보상액

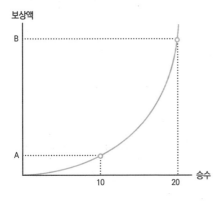

FA 선수들의 고소득이 그들의 능력에 따른 시장의 보상이라면 FA 대박은 사회적으로 용인된다. 하지만 그것이 아니라면 그들의 고소득은 행운에 의한 특권이라고 간주된다. 현재 KBO리그의 FA 시장은 능력에 따른 보상과 행운에 의한 특권이라는 두 지점 사이의 어느 곳 즈음에 위치하고 있다.

넷째, 동일한 슈퍼스타여도 직종에 따라 지속성과 수입의 보상 체계가 다르게 나타난다. 연기자들은 주연이든 조연이든 나이와 상관없이 나이에 따른 자신의 배역이 있다. 게다가 시간이라는 훌륭한 경험 도구는 연기자들이 더욱 노련한 생산물을 만드는 데 중요한 역할을 한다.

가수들은 방송 및 행사 출연, 음반판매 등으로 자신의 재능을 보상받는다. 노래를 발표하고 그 노래가 히트곡이 될 경우 꾸준히 저작권료 수입을 올릴 수 있다. 운이 좋아서 발표하는 여러 곡이 히트곡의 반열에 오르면 슈퍼스타가 된다. 가수로서 슈퍼스타의 지위를 얻는 것이 흔하지 않지만, 가수들의 경우 한 번 구축된 팬덤은 오래 지속되는 경향을 보인다. 나훈아, 이미자, 패티김 등의 슈퍼스타들이 방송 활동을 안 하면서도 해마다 연말 디너쇼를 개최하면 흥행하는 이유가 바로 그것이다. 슈퍼스타의 반열에는 오르지 못했지만 몇 개의 히트곡을 만들어 낸 가수들도 전성기 시절의 출연료와는 차이가 있지만, 방송 및 행사 출연 등의 꾸준한 활동을 펼친다. 그에 따라 많은 수입이 뒤따른다.

반면, 스포츠 스타는 직업의 특성상 슈퍼스타 지위를 누릴 수 있는 시간과 수입의 범위가 한정적이다. 스포츠 분야에서 슈퍼스타가 되고 그 지위를 지속하기 위해서는 체력 및 여러 가지 신체 감각이 유지되어야 한다. 하지만 스포츠는 다른 직종에 비해 부상 위험확률이 높고 나이가 들수록 전반적으로 신체가 노화되기 때문에 스포츠 분야에서 슈퍼스타의 지위를 누릴 수 있는 기간은 매우 제한적이다.

연예인은 미디어 및 복제기술의 발달로 인해 영화, 드라마, 음반 등을 통한 자신의 저작권 수입을 꾸준히 창출할 수 있지만, 스포츠 스타는 자신이 직접 현장에서 경기를 뛰어야 그 가치를 인정받는다. 스포츠 슈퍼스타의 가치창출 기간은 그만큼 짧다. 그러므로 스포츠 슈퍼스타는 전성기에 다소 과도한 보상을 바라게 된다.

아담 스미스 역시 슈퍼스타의 직종별 보상 체계 차이를 언급했다. 국부론에서 오페라 가수와 외과 의사의 예를 들면서 오페라 가수의 음악은 복제가 가능하기 때문에 생산과 유통에서 용이성(비경합성)을 갖지만, 외과 의사는 본인이 매번 직접 수술을 해야 하기 때문에 복제가 불가능한 불완전한 대체재라고 했다.

신고전파 경제학자들도 슈퍼스타는 대체재가 없고 시장경쟁으로 가격이 내려가지 않기 때문에 다른 사람들과 같은 기준으로 가치를 평가해서는 안된다고 주장했다.

지금까지 FA 선수들의 연봉이 크게 오를 수밖에 없는 4가지 이유, 그리고 아담 스미스와 신고전파 경제학자들의 주장을 살펴봤다. 이런 이유제시에도 불구하고 독자들이 판단하시기에 FA 선수들의 연봉이 사회적 허용범위를 넘어설 정도로 과도하다고 느껴진다면, FA 선수들의 연봉은 과도한 것이다.

V. FA-구단 및 선수의 선택

1. 구단의 선택

1) 잡음 최소화

영화감독들이 슈퍼스타를 캐스팅하는 이유에 대한 색다른 주장이 있다.[12] 슈퍼스타를 캐스팅하는 것은 그들이 팬을 끌어들이는 관객모집 능력뿐 아니라 그들을 고용했을 때 잡음이 최소화되고 일정수준 이상의 성과가 나오기 때문이라는 주장이다. 그러므로 슈퍼스타의 가치는 영화 관람객 집계 이상의 가치를 나타낸다는 것이다. 이 주장은 FA 선수들의 고비용 논란과 동일선상에 있다.

FA 선수들이 연봉만큼의 가치가 있는지에 대한 논란에서 관객 수입 증가 부분은 빠질 수 없는 부분이다. 그러나 구단들이 고액을 들여 FA 선수들을 영입하는 이유는 단순히 관객 증가로 인한 수입증대를 고려한 것이 아니다. 구단 운영에 대한 팬들의 잡음을 최소화하고 FA 선수가 일정수준 이상의 성과를 낼 것이라는 기대감 때문이다.

2) 다른 팀에 빼앗기지 않기 위해

데렉 보크(Derek Bok)는 《The Cost of Talent》라는 저서에서 주주의 잘못된 판단만이 CEO의 보수를 급등시키는 유일한 원인은 아니라고 주장했다. 기업들은 능력이 뛰어난 CEO를 고용하면 추가로 매년 수천만 달러의 이윤을 얻게 된다는 사실을 잘 알고 있으나 CEO를 선발하는 이사회는 수

---

12 Prag and Casavant(1994).

많은 후보 중 누가 최고인지를 확인할 방법이 없다. 또한, 기업들이 후보자에게 바라는 능력은 대개 비슷하기 때문에, 높은 연봉을 제시해야 경쟁기업에게 후보자를 빼앗기지 않으므로 CEO에게 높은 연봉을 제시한다고 했다.

이를 FA 시장에 적용하면 프로야구단이 고액 FA 선수들과 계약하는 이유 중 하나는 시장에 나온 괜찮은 FA 선수를 다른 구단에 빼앗기지 않기 위해서이다.

3) 10승 투수+10승 투수 〈 20승 투수

방송사가 TV프로그램에 2~3명의 평범한 연예인을 기용하는 대신에 한 명의 슈퍼스타를 기용하는 것은 방송 프로그램이라는 재화의 성격이 일반적이지 않기 때문이다.

실물자원의 일반생산시스템에서는 두 사람의 생산성이 한 사람의 생산성보다 좋기 때문에 평범한 두 사람을 고용하는 것이 더 낫지만 인적 자원의 경우에는 상황이 다르다.

두 사람의 평범한 화가, 야구선수, 연예인은 천재적인 재능을 가진 한 사람보다 못하다. 인간의 재능이 중요한 변수로 작용하는 직업군에서는 약간의 재능 차이가 큰 결과물로 나타나기 때문에 높은 비용을 지불하더라도 슈퍼스타를 선호하게 된다.

FA 시장에서도 구단은 2명의 10승 투수보다는 한 명의 20승 투수를 더 선호하게 된다.

4) 실패에 대한 보험

이른바 슈퍼스타 MC라고 불리는 몇몇 연예인들이 방송사와 요일만 바꿔 가며 TV 예능 프로그램을 독식한 적이 있었다. 어느 채널을 선택해도 동일한 인물이 나오기 때문에 시청자들은 채널 선택권이 없는 것이나 마찬가지였다. 이런 상황이 발생한 것은 방송사가 슈퍼스타를 선호하기 때문이다.

방송사가 슈퍼스타를 선호하는 이유는 슈퍼스타가 방송사에 큰 이익을 안겨 주기 때문이 아니다. 만일 슈퍼스타가 아닌 연예인을 기용했다가 저조한 시청률로 인해 프로그램이 실패했을 경우, 돌아올 비판을 피하기 위해 슈퍼스타를 기용한다. 일종의 실패에 대한 보험인 셈이다. 이런 이유로 방송사는 슈퍼스타 기용에 대한 강박관념을 갖게 된다. 프로그램 개편 시기가 돌아오면 방송사는 슈퍼스타 섭외에 실패할까 봐 노심초사한다. 그리고 결과적으로 실패에 대한 보험이 슈퍼스타 현상을 가속화시킨다.

하지만 방송사의 PD가 방송사의 제작비가 아니라 본인의 제작비로 프로그램을 만들 경우에는 실패에 대한 보험을 생각할 필요가 없다. 실패에 대한 보험은 내 돈이 들어가지 않기 때문에 발생하는 상황이다.

어떤 사업에 거액을 투자하고도 이윤은커녕 본전도 못 건지고 실패하는 경우를 종종 보게 된다. 프로야구 FA 시장에서도 자주 발생하는 현상이다. 이른바 먹튀 논란이다. 구단은 이를 방지하기 위해 이런저런 방법들을 궁리한다.

가장 대표적인 방법은 FA 계약 시 여러 가지 옵션을 장착하는 방안이다. 4년간 총 80억 원에 계약을 하되, 해마다 10승을 못 넘기면 2억 원을 감액

한다든지, 2군에 머물러 있는 기간이 어느 정도 되면 3억 원을 감액한다든지, 이런 식으로 마이너스 옵션을 계약서에 명시하는 방법이다.

연예인 슈퍼스타는 시간에 따른 재능의 기복이 심하지 않은 반면, 강인한 체력과 숙련된 기술을 바탕으로 항상 최상의 컨디션을 유지해야 하는 스포츠 슈퍼스타는 부상, 체력 고갈 등이 발생하면 재능을 발휘하기 어렵다. FA 계약 시 구단이 가장 고민하는 부분이다.

FA 계약에서 선수들은 본인의 몸 상태를 본인이 가장 잘 알고 있다. 그런데 나빠진 몸 상태를 속이고 구단과 계약하면 구단에서는 이를 알 수 있는 방법이 없다. 물론 메디컬 테스트를 실시하지만, 구단은 선수 자신만큼 몸 상태를 잘 알 수 없다. 그러므로 구단은 역선택(adverse selection)을 방지하기 위한 묘책을 찾는다.

'역선택'이란, 상호거래를 하는 데 있어서 정보의 비대칭성으로 인해 한쪽이 잘못된 선택을 하는 경우를 의미한다. 상호거래란, 상대방이 존재하는 모든 거래를 말한다. 역선택을 설명하는데 가장 흔한 예시인 보험 가입, 회사의 직원 채용, 마트에서의 장보기 등이 모두 포함된다.

상호거래는 신호(signal)와 선별(screening) 과정을 거친다. 직원 채용의 예를 들어보면, 구직자는 지원서에 자신의 장점만을 나열한다. 구직자들의 지원서만 살펴보면 대한민국에는 단점 있는 사람이 한 명도 없다. 요즘은 없어졌지만, 증명사진을 붙이는 경우도 가장 잘 나온 사진을 붙인다. 이런 과정을 신호라고 한다. '나'라는 상품이 이 정도로 훌륭하다고 기업에 신호를 보내는 작업이다. 구직자들이 기업에 신호를 보내면 기업은 이를 토대로 선별과정을 거친다. 장점만 나열한 구직자의 지원서를 보면서 어떤 사람이 회사에 도움이 되는 사람인지 걸러내는 작업을 해야 한다.

지원서만으로는 구직자에 대한 정보가 부족하기 때문에 선별은 어려운 과정이다. 이렇게 일방적으로 한쪽에 정보가 치우쳐 있는 것을 정보의 비대칭성이라고 한다. 또한, 정보의 비대칭성으로 인해 기업이 잘못된 선택을 하는 것을 노동 시장의 역선택이라고 한다.

기업이 사람을 잘못 채용할 경우 인재(人材) 채용이 인재(人災)가 될 수도 있다. 이런 위험을 줄이기 위해 기업은 상대적으로 높은 보수를 제시하여 구직자들 스스로 어느 정도의 진입 장벽을 만들도록 유도한다.

마트에서 물건을 살 때도 비슷한 여러 가지 물건들이 신호를 보낸다. 원산지, 구성 성분 등 많은 정보를 기입한 후에 마지막으로 자신의 가격을 표시한다. 가격은 마트의 물건들이 자기를 구매해 달라고 소비자들에게 보내는 신호이다. 이를 보고 소비자들은 그 물건을 살지 말지 고민하며 선별한다. 신호와 선별의 과정이 제대로 이루어지면 시장가격으로 거래가 이루어지는 것이고, 그렇지 않으면 소비자의 "비싸네"라는 한마디와 함께 거래는 없던 것이 된다.

2. 선수의 선택

1) 시장 상황의 중요성 고려

FA 대박을 터트리기 위한 첫 번째 조건은 선수의 실력이다. 발군의 실력을 계속 나타내면 별 상관이 없지만, 전년도까지 좋은 활약을 보이다가 FA

자격 획득을 앞둔 시점에 갑자기 그해에만 저조한 실력을 나타내면 상황은 묘해진다. 두산 베어스의 장원준이 그랬다. '장꾸준'이라는 별명으로 성실함과 꾸준함의 대명사였던 장원준은 2014년 FA 자격 획득 후, 두산으로 이적하여 준수한 성적을 기록하다가 2019년 FA 재자격을 앞둔 2018년에 최악의 성적을 거두었다. 장원준은 FA 자격을 신청하지 않았다.[13] 2019년 시즌에 예전의 모습을 되찾는다면 2020년 재자격 취득 후에는 또 한 번의 FA 대박도 가능하다.

〈표 7-14〉 장원준 선수의 FA 체결 후 성적

연도	평균자책	승	패	이닝	탈삼진
2015	4.08	12	12	169.2	128
2016	3.32	15	6	168.0	137
2017	3.14	14	9	180.1	125
2018	9.92	3	7	71.2	46

　선수가 FA 시장에서 대박 계약을 체결하기 위해서는 본인의 실력만큼이나 시장 상황도 중요하다. 시장 상황이란, 수요 및 공급 등의 여건이다.

　선수 입장에서는 일단 FA 선수들이 시장에 많이 안 나오는 것이 좋다. 또한, 자신의 포지션과 겹치는 선수가 없을수록 좋다. 게다가 전년도에 쓸 만한 FA 선수가 배출되지 않아서 구단이 투자 여유 금액이 많다면 최상의 조건이 된다. 하지만 그와 반대되는 상황이라면 FA 대박 계약은 어려워진다.

　그러므로 FA 자격선수들은 FA 시장 상황을 잘 고려하여 본인에게 이득이 되는 방향이 무엇인지를 생각하고 계약에 임해야 한다.

---

13 두산으로 이적 시 6년 계약설이 돌기도 했는데 정확한 진위는 내년도 계약 여부를 보면 알 수 있을 것이다. 2020년에도 FA 자격 신청을 하지 않는다면 6년 계약설이 맞고 2019년에 좋은 성적을 거두고 재자격 신청을 한다면 4년 계약이 맞다.

2) 해외 진출 시도

류현진은 25,737,737달러, 김광현은 2,000,000달러. 해외 진출을 시도한 KBO리그 최고 투수들의 포스팅 금액이다. 양현종의 포스팅 금액은 공개되지 않을 만큼 기대 이하의 금액이었다. KBO리그를 대표하는 좌완 트로이카 중에서 류현진만 자존심을 세우며 MLB로 진출했다.

세 선수가 KBO리그에서 함께 활약할 당시에 이들은 대표적인 좌완 1, 2, 3위 투수였으나 메이저리그 진출 시도에서는 명암이 엇갈렸다. 이들이 MLB 포스팅 금액에서 큰 차이를 보인 것은 류현진과 김광현이 국내에서는 1, 2위 투수였어도 전 세계의 내로라하는 투수들이 모두 모인 MLB에서는 류현진과 김광현의 실력 차이가 한 단계가 아니기 때문이다. 마이너리그, 트리플A 등 언제든지 MLB로 치고 올라갈 수 있는 수많은 투수들이 즐비한 시장에서 류현진과 김광현 사이에 수많은 선수가 포진하고 있기 때문이다.

류현진의 가장 큰 장점은 구속, 제구력이 아니다. 언제 어디서나 '내 공을 칠 수 있으면 쳐 봐~'하는 배짱(guts)이다. 류현진이 MLB를 점령할 수 있는 가장 큰 이유이다. 김광현과 양현종은 '류현진도 MLB 진출하는데 나라고 못 해?'라는 자신감을 가지고 있었지만, MLB 포스팅에서는 냉철한 시장의 평가를 받았다.

3) 부존효과(賦存效果, Endowment Effect)

아담 스미스는 성공 확률이 낮은 자유 직업에 사람들이 모여드는 이유를 2가지로 보았다.

첫째는 이 직업에서의 탁월한 업적을 쌓을 경우에 따르는 명예에 대한 욕망 때문으로 보았다. 슈퍼스타가 되면 거머쥘 수 있는 큰 보상에 대한 욕심이 있다는 의미이다.

둘째는 모든 사람이 갖고 있는 자신의 능력과 운수에 대한 선천적인 자신감 때문으로 보았다. 대부분의 사람들은 자신의 능력에 대해 자만심이라고 평가할 만큼의 지나친 낙관론을 가지고 있다. 본인이 성공할 경우 얻을 이득의 기회를 과대평가하고 실패할 경우 잃게 될 손실의 기회를 과소평가한다.

당첨 확률이 낮은 복권판매업이 어디서나 성공하는 것은 다른 사람은 몰라도 나는 당첨될 확률이 있다는 자신감 때문이다. 또한, 사람들이 자신에게는 위험한 일이 생기지 않을 것이라는 확신 때문에 보험에 가입하지 않는다. 특히, 직업을 선택할 시기인 청년 시절에 이런 성향이 강하다.

아담 스미스의 통찰력은 현대 경제학으로도 이어진다. 행동경제학은 경제학을 심리학의 관점과 결합하여 인간의 비합리적 선택을 분석하는 학문이다. 행동경제학의 권위자로 인정받아 2017년 노벨경제학상을 수상한 시카고대학의 리처드 탈러(Richard H. Thaler) 교수는 인간이 느끼는 객관적인 시장가치와 주관적인 보유가치가 다르다는 것을 실험을 통해 증명하였다.

대학원생 시절, 탈러는 시장경제이론의 신봉자이며 와인 애호가인 한 교수가 경매를 통해 35달러에 구입한 와인을 100달러의 가격 제시에도 팔지 않으려는 모습을 발견했다. 구입한 와인에 특별한 사연이나 개인적인 의미가 없다면 시장경제체제에서 이런 행동은 비합리적이다.

교수가 된 후, 탈러는 학생들을 대상으로 한 가지 실험을 진행했다. 학생들을 3그룹(판매자, 선택자, 구매자)으로 분류한 후, 판매자 그룹에게만 자기 학교의 로고가 새겨진 머그컵(6달러)을 공짜로 나누어 주었다. 얼마 후 머그컵에 대해 느끼는 가치를 그룹별로 나누어 물어보았다. 머그컵을 소유한 판매자 그룹은 7.12달러, 가치중립적인 선택자 그룹은 3.12달러, 자신의 돈으로 머그컵을 사야 하는 구매자 그룹은 2.87달러로 머그컵의 가치를 책정했다.

와인과 머그컵의 사례 외에도 탈러는 여러 가지 실험을 통해 사람들은 자기가 소유한 재화에 객관적인 가치보다 더 높은 가치를 부여하는 성향이 있음을 밝혔다. 이를 '부존효과'(賦存效果, Endowment Effect)라고 명명하였다. 일반적으로 거래되지 않는 재화일수록 그 효과가 크게 나타난다고 그는 주장했다. 부존효과는 행동경제학이 도성(陶成)한 대표적인 아이템 중에 하나이다.

부존효과가 크게 나타나는 또 하나의 예시는 부모가 생각하는 자녀의 가치이다. 새 학년이 시작되면 대다수 학교에서는 담임선생님과 학부모들이 모여 간담회 형식으로 학생들의 태도나 성적에 대해 면담을 실시한다. 일선 교사들에 의하면, 성적이 좋지 않은 학생의 부모들이 한목소리로 하는 말이 "우리 애가 머리는 좋은데 노력을 안 해서…"라고 한다.

학교에서 단체로 문제를 일으킨 학생들의 부모와 상담할 때 교사들이 가장 많이 듣는 말은 "우리 애는 착한데 친구들을 잘못 사귀어서…"라고 한다. 즉, 하나의 사건에 연루된 여러 학생의 부모가 모두 그 일은 자기 아이의 잘못이 아닌 함께 어울려 다닌 다른 아이들의 잘못이라고 주장하는 것이다.

심리학자들에 의하면 이런 말의 이면에는 나의 자녀를 높게 평가하려는 것과 어떤 잘못으로부터 본인의 책임을 회피하려는 성향이 어우러져 나타나는 현상이라고 한다.

부모는 자녀에 대해서 학교나 사회에서 내리는 객관적인 평가보다 항상 우월하게 평가한다. 부모가 자기 자녀에 대해서 객관적인 평가를 내리는 것은 어려운 일이다. 대표적인 부존효과이다.

앞선 김광현, 양현종의 포스팅 입찰 사례는 국내 프로야구 FA 시장에서 일어난 일은 아니지만 FA 자격을 취득한 선수 대부분은 시장에서 평가하는 가치보다 본인의 가치를 높게 평가한다. 이 또한 부존효과의 사례이다.

참고문헌

저서

- 배무기, 노동경제학 전정판 _ 경문사, 2010
- 박은태, 경제학사전 _ 경연사, 2011
- 이정전, 토지경제학, 개정판 _ 박영사, 2009
- 이준구, 미시경제학 제5판 _ 법문사, 2012
- 이종남·유홍락·천일평 _ 한국야구사, 1999
- A. Smith. 국부론 _ 동서문화사, 2008
- Brian Arthur. Increasing Returns and Path Dependence in the Economy
  _ University of Michigan Press, 1994
- Derek Bok, The Cost of Talent _ The Free Press, 1993
- Frank, Robert H. and Cook, Philip J. The Winner-Take-All Society: Why the Few at the top
  Get So Much More Than the Rest of Us _ Free Press, 1995
- Henry. George, Progress and Poverty _ Dodo Press, 2009
- Snyder, Brad, A Well-paid Slave _ Penguin USA, 2007

뉴스

- "2018 프로야구, '역대 최다' 억대연봉 164명… 평균 1억 5,026만 원" 뉴스1, 류석우 기자 _ 2018.02.14.
- "1억 연봉으로 본 프로야구 연봉 변천사" 스포츠조선, 민창기 기자 _ 2014.12.17.
- "이대호, 2018년 25억 원 프로야구 연봉킹" 중앙일보, 박소영 기자 _ 2018.02.14.
- "류현진, LA 다저스 퀄리파잉 오퍼 수용 '1년 1790만 달러 잔류'" 마이데일리 _ 2018.11.13.
- "류현진, 2~7년차 최고 연봉 싹쓸이…연봉도 괴물" OSEN, 이상학 기자 _ 2012.01.05.
- "몸값 거품? 거품을 만든 건 구단들 자신이다" 엠스플, 배지헌 기자 _ 2018.09.14.
- "알렉스 로드리게스, 내년 1루수도 맡는다" 김원익 기자 _ 2014.10.12.
- "이대호 연봉조정신청 '내겐 큰 결심'" 일간스포츠, 최민규 기자 _ 2011.01.11.
- "'이대호 쐐기홈런' 롯데, SK에 영봉승… PO 2승 2패 원점" 이데일리, 박은별 기자 _ 2011.10.20.
- "한국 최초의 전화 '덕률풍'을 아십니까" 한겨레, 강민진 기자 _ 2018.3.20.
- "KBO-MLB 한미 선수계약협정 개정…이적료 줄고, 선수 몸 늘고" 중앙일보, 김원 기자 _ 2018.07.12.
- "LA 다저스, 류현진에 1,790만 달러 QO 제시" _ 2018.11.02.
- "MLB 연봉킹은 363억원 받는 트라웃" 한국일보, 박순엽 인턴기자 _ 2018.03.29.
- "MLB 평균 연봉, 처음으로 400만 달러 돌파… KBO리그 18배" 뉴스1 _ 2017.12.23.
- "한국 프로야구 첫 주심 '웃지 못할 비화'" 일간스포츠 _ 2002.04.05.

홈페이지

- 홍순일의 야구 이야기
- KBO 홈페이지 _ https://www.koreabaseball.com
- MLB 홈페이지 _ https://www.mlb.com
- 네이버 지식백과
- 나무위키

논문

- Adler, M.(1985), "Stardom and Talent" _ American Economic Review, 75(1):208-212
  Borghans, L. and Groot, L.(1998), "Superstardom and Monopolistic Power"
  _ Journal of Institutional and Theoretical Economics, 154(3):546-571
- Caserta, M. and Cuccia, T.(2001), "The Supply of Arts Labour : Towards a Dynamic Approach"
  _ Journal of Cultural Economics, 25:185-201
- Chung, K. H. and Cox, Raymond A. K.(1998), "Consumer Behavior and Superstardom"
  _ Journal of Socio-Economics, 27(2):263-270
- Hamlen, William A. Jr.(1991), "Superstardom in Popular Music: Empirical Evidence"
  _ Review of Economics and Statistics, 73(4):729-733
- Joseph E. Stiglitz(1984). "Equilibrium Unemployment as a Worker Discipline Device"
  _ The American Economic Review. Vol. 74, No. 3 (Jun., 1984), p. 433-444.
- Prag, Jay and Casavant, James(1994), "An empirical study of the determinants of revenues
  and marketing expenditures in the motion picture industry" _ Journal of Cultural Economics,
  18(3):217-235
- Rosen, S.(1981), "The Economics of Superstars" _ American Economic Review, 71(5):845-858
  Throsby, David(1994B), "The Production and Consumption of The Arts: A View of Cultural
  Economics" _ Journal of Economic Literature 32:1-29